徐徐道来

徐林生 著

山西出版传媒集团
北岳文艺出版社
BEIYUE LITERATURE & ART PUBLISHING HOUSE
·太原·

图书在版编目（CIP）数据
徐徐道来 / 徐林生著. -- 太原 : 北岳文艺出版社,
2025. 2. -- ISBN 978-7-5378-7042-9
Ⅰ. D609. 9-53
中国国家版本馆CIP数据核字第2025SD6413号

徐徐道来

XUXU DAO LAI

徐林生 著

//
责任编辑
庞咏平

装帧设计
萨福书衣坊

书名题字
盛大林

印装监制
郭　勇

出版发行：山西出版传媒集团 · 北岳文艺出版社
地址：山西省太原市并州南路57号　邮编：030012
电话：0351-5628696（发行部）　0351-5628688（总编室）
传真：0351-5628680
经销商：新华书店
印刷装订：广州市金骏彩色印务有限公司

开本：787mm×1092mm　1/16
字数：221千　　印张：17.75
版次：2025年2月第1版
印次：2025年2月广州第1次印刷
书号：ISBN 978-7-5378-7042-9
定价：50.00元

目录 | CONTENTS

（二）谈经论政

（三）法治视角

（四）文教评弹

序

般俊

《徐徐道来》是徐林生的第三本时评集，我很高兴第二次为其文集作序（上一次是为《旁观者说》作序）。本书120篇时评，此前大多在不同媒体阅读过，有些还印象颇深。在我国时评界，徐林生的文章以角度新颖和观点犀利著称，不少时评读后有入木三分、酣畅淋漓之感，一些文章阅读量巨大，影响广泛，被学界专家称为“现象级评论”。

徐林生深耕时评三十余年，深谙“在场”与“旁观”的平衡技巧。“用旁观者的冷眼看世界，以在场者的热肠开良方”，是其观察社会的视角，也是写作的初心。“在场”时，他紧贴社会热点，与民共振，以丰富的学识及经验，有感而发，不吐不快；“旁观”时，他游离于媒体圈外，不瞻前顾后，放心就事论事，从人民立场与公共视野出发，不卑不亢，理性发声，常常言人所之未能言，言人所之未敢言。

媒体深度融合的当下，网络空间日益复杂，社交媒体、机构媒体、主流媒体交错融合，人人皆可发声。在此时代背景下，构建适应全媒体生产传播机制和评价体系、完善舆论引导和舆情应对协同机制势在必行。新闻评论作为反映社会舆论和公众意见的重要渠道，不仅能够及时解读社会热点事件、引导公众理性思考，更能传达媒体立场和观点、促进信息交流和舆论互动。舆论场中每个人的思想和观点都像漂浮在大海中的孤舟，时而随波逐流，时而奋力划桨。因此，有思想、有观点且充满智慧的评论，是提升新闻舆论传播力、引导力、影响力、公信力的重要标尺。在这些方面，徐林生的思考、探索和努力值得赞赏，《徐徐道来》时评集犹如时代微光，散发坚定、理性、法治光芒，在众声喧嚣中默默烛照社会前行之路。

《徐徐道来》不仅仅是一本时评集，更是徐林生多年来对社会现象深入观察与思考的结晶，有理性、有温度，不乏建设性。纵览全书，徐林生以独特视角，深入浅出地剖析社会多维面貌，从民生小事到国家大事，从网络直播到社会治理，从高考改革到法治思考，涉及话题范围极其广泛，涵盖政经、民生、法制、教育、文综各个方面。“在众声喧哗时代，有价值的观点永远不会多余。”这是徐林生从始至终坚守的核心理念，在摆事实讲道理同时，就事论事提出前瞻性建议是其突出特点。如：《坚决遏制“镀金”式干部混文凭》《破格提拔干部的理由不该只字不提》《规划“放卫星”或缘于吹牛不担责》等，抽丝剥茧、有依有据、数据翔实、逻辑严密，提出切实可行的措施及建议。从这个意义上说，徐林生的时评不仅映照社会现实，更蕴含着他对未来的热切期许，体现了其作为公民的道义价值以及公共领域构建一分子的责任。

《徐徐道来》的时评观点鲜明，一针见血，又不失法治理性。在“凭栏论世”中，犀利剖析复杂社会现象，如《〈罗刹海市〉不应成为网暴“护身符”》《标语泛滥也是形式主义》；在“谈经论政”中，深度解读政策改革举措，如《医保价格谈判不能总靠“灵魂砍价”》《每一笔捐赠都应经得起“秋后算账”》；在“法治视角”中，缜密思考法治事件，如《聂树斌案：要舆论监督，不要舆论审判》《吐槽医院饭菜难吃被拘”经不起法律推敲》；在“文教评弹”，或温暖有力，或直戳痛点，如《弱女子替亡夫还债书写完美“诚信答卷”》《高考改革必须避免“拼爹定终身”》。这些评论既有严谨的论证，又不失“人间烟火”，让人在阅读中感受社会纷繁复杂，体味作者的人文关怀。翻开《徐徐道来》，读者会被带入一场充满交锋的思想盛宴，既能收获对当今社会的深刻理解，又能感受到推动社会进步的正向力量，是引导公众明辨是非、理性思考，以及提升整体社会文明素养的“良师益友”。

当下正值百年未有之大变局，风云激荡，国内外时政和社会事件频发，新闻热点此起彼伏，人人都有麦克风，媒体平台众说纷纭，舆论场域复杂多变。正因如此，有思想有价值的观点犹如嘈杂声中一股清流，弥足珍贵，值得珍惜。读者朋友不妨跟随徐林生一道，围绕那些似曾相识的热点话题，共赴一场丰富多彩的思想盛宴，为构建公共秩序坐言起行，为推动社会进步添砖加瓦。

是为序。

殷俊，国家马克思主义理论研究与建设工程新闻评论学专家，中央宣传思想工作领导小组联系高级专家，重庆工商大学文学与新闻学院院长、二级教授、博士生导师。

凭栏论世

一

补个井盖也要惊动纪委?

最近，江苏宿迁市有市民投诉，反映宿豫区湘江路小吃一条街北侧一处窨井盖没了，经常有车辆陷入其中，却无任何部门过问处置。接到投诉后，宿豫区纪委成立了调查组。没想到在随后的调查中，这个最终仅用了两小时安装完毕的井盖，却让调查组见识了一场持续了整整七天的“踢皮球比赛”。

据报道，宿豫区数字化城管中心接到投诉后，将问题交办给了区住建局，区住建局却将“球”踢给区水务局，区水务局又将“球”踢到街区所属的街道办，而街道办又以缺失井盖地点不在辖区范围将“球”踢了回去……就这样，这场多部门参与的“踢皮球比赛”持续了七天，其间没有任何单位“认领”问题，也无任何人去排除隐患。最终，“踢皮球比赛”惊动了宿豫区纪委，在其督办下，区水务局组织人员仅用两小时便将井盖补上。

这是一场“精彩的踢皮球比赛”。“精彩”之处有三：一是补一个井盖也要成立区级调查组，无不显示有关部门对市民投诉的“高度重视”，以及对民生问题“高度负责”的精神；二是被踢来踢去的“球”，只是补一个100元左右的普通窨井盖，多个部门竟能“踢”上七天，殊为不易；三是纪委一督办，“踢皮球比赛”立马终场，两小时就将井盖补上，结局充满“戏剧性”。

这又是一场似曾相识的“踢皮球比赛”。多年来，涉及群众工作生活切身利益方面的小事，遭遇有关部门“踢皮球”的新闻，不时见诸媒体，在许多地方都曾上演，甚至反复上演，一些公众已“审丑疲劳”。往往是媒体曝光引发舆情后，领导“高度重视”，纪委介入督办，甚至启动问责程序，才得以终结“比赛”。

党的十八大以来，随着制度的笼子越扎越紧，执纪越来越严厉，各级纪委主动作为，对各项事业的发展起到了很大的推动作用，其权威也得以显著增强。问题在于，各级纪委这么忙，补一个井盖之类的事有必要惊动纪委吗？假如有关部门不推诿、不扯皮，各尽其责，这个“踢皮球比赛”能“踢”得起来吗？

在区纪委的督办下，影响市民出行的一处安全隐患消除了。补区区一个窨井盖，终归是小事一桩，但其折射出的却是不容忽视的懒政、怠政大问题。“群众利益无小事”，此话说起来轻松，听起来动听，但要真正贯穿始终，落到实处，有关单位显然仍须努力。

原载：《南国早报》2018年4月25日

政府何必挑战吉尼斯纪录

2018年5月1日晚，在西安“城墙国际文化节”上，1374架无人机在西安城南门上空进行编队飞行表演，摆出“西安城墙”“西安年最中国”“丝绸之路”“四十周年”等图案。不过，演出过程中出现失误，画面左侧变成“乱码”。网友视频还显示，无人机回收时也出意外，一架架无人机往下掉，像“流星雨”。尽管如此，吉尼斯官方还是向主办方——西安城墙管委会颁发了“最多无人机同时飞行”的纪录证书。①

据悉，该表演项目共花费财政资金1050万元。主办方并未否认表演有失误，但有关人员强调，1050万元不仅仅是5月1日演出当天的费用，还包括申请吉尼斯纪录的费用。

利用无人机进行表演，算得上新鲜事物。一千多架无人机在夜晚同时升空表演，拼出特别的图案，有技术含量，也有震撼效果。不过，暂且不论表演失误原因如何，政府部门出资挑战吉尼斯纪录之举，显然值得商榷。

首先，政府主导，难脱“劳民伤财”的观感。这种活动，需要

① 参见：“北青网”2018年5月3日。

动员多方力量，动用纳税人的大笔公帑，看起来轰轰烈烈，媒体全方位报道，而实际上民间及网民吐槽不少。事实上，在拥有强大动员能力的情况下，我国任何一级地方政府只要有需要，打破“人海战术”或大撒金钱式的吉尼斯纪录，几无难度。问题在于，政府主导挑战吉尼斯纪录，必要性何在？

其次，吉尼斯纪录正向影响日渐式微。其收集的各种“之最”，从最初的有意义、有价值，早已滑向无聊、奇葩、重口味。多年来，在中国创造的吉尼斯纪录，绝大多数是拼数量、拼规模、搞“人海战术”，满足了国人贪大求全、好大喜功的心理，根本没有什么独特性、极限性和创造性可言。

吉尼斯世界纪录，诞生于20世纪50年代的英国。90年代初，央视引进《吉尼斯世界纪录》，并迅速风行全国。值得注意的是，近年来，中国诞生的吉尼斯纪录，有从民间申报转向政府“搭台唱戏”的趋势，许多“贪大求全”纪录诞生的背后，都有政府的影子，无论是人力物力，还是文宣动员，都能发现政府的“有形之手”。西安的这次挑战活动，只是最新案例而已。

说到底，吉尼斯纪录是英国人发现的一门生意，它利用了人们的好奇心，收集这“最”那“最”，通过发行书籍、影像资料、广告及其他授权等方式获取利益。为把生意做大，吉尼斯官方自然乐见有政府直接申报相关活动。但是，改革开放40年，国人视野越来越开阔，越活越自信，完全不需要通过日渐没落的吉尼斯纪录来刷存在感了。政府应该顺应民意，避免为吉尼斯的生意背书，拒绝做吉尼斯纪录的挑战者。

原载：“红网”2018年5月3日[1]

① 转载：《文摘报》2018年5月5日。

“育人才”远比“抢人才”重要

“21世纪什么最重要？人才。”电影《天下无贼》中这句广为流传的调侃台词，正以映照现实的方式，反衬了当下的“抢人才”大战。这场大战肇始于中西部中心城市，正向全国蔓延，且鏖战正酣。

最新“战况”是，西安户籍新政又放“狠招”：自2018年3月23日起，全国各地在校大学生仅凭学生证和身份证，即可通过手机在线落户西安。结果，三天内有1.5万人成功办理落户。3月23日以来，西安新迁人口21万人，直逼去年迁入人口的总量。[①]

目前“抢人才”大战，有如下特点：一是来势“汹汹”，蔓延迅速。从2017年武汉实施“百万大学生留汉工程”开始，“抢人才”在二线城市中蔓延开来，逐渐形成竞争态势，纷纷放大招“抢人才”。如今，一线城市北上广深亦不再淡定，祭出新招，延揽高端人才。二是吸引人才措施“含金量”高，如出台相关落户、子女入学、住房、就业、创业、研发经费、薪酬、职务等优惠政策，招招戳中“痛点”。一些城市干脆开启“塞钱模式”，南京甚至推出了“面试补贴”，求贤若渴之势，令人印象深刻。

① 参见：“每日经济新闻”2018年3月29日。

虽然有舆论质疑，一些城市以“抢人才”之名推出落户新政，有意无意地突破了国家住房限购政策，增加有效购房人口，有让新落户大学生成为高房价“接盘侠”的嫌疑，但是，大城市放低身段，欢迎高校毕业生直接落户，仍然值得各方称道。不过，毋庸置疑的是，这场“抢人才”大战，明显有值得反思的地方。

首先，“挖墙脚式”抢人，造成一些地区“失血严重”。一些发达地区财大气粗的机构，专“挖”欠发达省份的高端人才，致使一些单位辛辛苦苦培养的人才，纷纷“孔雀东南飞”，严重影响相关事业的发展。其次，重“抢人才”，轻“育人才”。一些地区，不在“育人才”上下功夫，只对坐享其成的“抢人才”感兴趣，不下决心对影响人才成长的环境、机制厉行改革，过于相信“外来和尚”，高估“鲶鱼效应”。最后，“比阔式”抢人，无异于把人才当商品，名义上爱惜人才，实际是轻慢人才。

人才犹如优良的种子，只有种在适宜的土壤上才能茁壮成长。土壤“有恙”，再好的种子也会水土不服。一个地区的人才环境有问题，即使抢来再多的人才，结局难免“南橘北枳”。再说，靠“抢人才”发展，抢得了一时，抢不了一世。没有好的人才环境，今天抢到人，明天可能“人往高处走”。“育人才”虽然艰难，但只要革除积弊，形成良好的人才环境，人才自然层出不穷，事业定然蒸蒸日上。

因此，从这个意义上说，“育人才”远比“抢人才”重要。面对当下炽热的“抢人才”大战，有关各方不妨作冷思考，与其在“抢人才”上下大赌注，不如在“育人才”上下真功夫。只有这样，才能为社会经济发展，提供源源不竭的人才大军。

原载：“红网”2018年5月24日①

① 转载：“人民日报客户端”2018年5月24日。

明码标价不是"明码宰客"的挡箭牌

又到了去北方看雪的季节。日前，网红景点黑龙江雪乡承诺，明码标价，不宰客，并公布了消费价格。住宿方面，普通炕位每天380元，标准间每天880元，豪华双人房每天1580元，商务套房每天2580元……而这不是最终价格，节假日还可以上浮15%—30%。①

据了解，雪乡的住宿条件本来就很一般，普通炕位甚至连独立卫生间都没有，标价却堪比五星级酒店，很多人表示不相信自己的眼睛。有网友爆料，在东北一些地方滑雪一天才120元，而雪乡一小时就要180元。有人计算，如果将雪乡35个项目都玩一遍，每人需5350元，再加上吃住行，一家三口要准备两万元钱，"去北海道看雪也不要这么贵"。

近年来，雪乡负面新闻缠身，"九月磨刀，三月宰羊"，曾是生动写照。由于独特的气候条件，雪乡旅游旺季只有三四个月，"一锤子买卖"理念盛行，干三个月赚一年的钱，成了当地人的"小目标"，游客自然成为"待宰羔羊"。于是，宰客事件连年发生，强买强卖，坐地起价，怨声载道，游客望而却步。面对严峻的形势，

---

① 参见："央视网"2018年11月23日。

当地政府着手整治，出台许多监管措施，要求商家明码标价是重要举措之一。

不过，从雪乡公布的价格看，难脱“一锤子买卖”思维。表面看，明码标价后，游客消费是“一个愿打一个愿挨”，感觉被宰也只能当“难言之隐”，公众难以置喙。实际上，过高的价格，违背了诚实信用的定价原则，脱离了绝大多数民众的消费能力，涉嫌利用近乎垄断的特色景点，牟取不合理利润，明显扰乱市场秩序。如此明码标价，无异于将以往的暗中宰客公开化、合法化，与“明码宰客”何异？

明码标价是商家销售商品的基本要求，但明码标价不等于诚信定价，更不等于合法定价。不管是市场调节价商品，还是政府指导价商品，其定价都有“度”的问题。雪乡的商家在政府部门监督下，实行明码标价是一种监管进步，但明显过高的定价，可能反过来给人以政商“合谋”的观感，令人遗憾。

雪乡旅游可持续发展的根本出路，在于彻底抛弃“一锤子买卖”的经营理念，注重游客体验，扩大、升级经营项目，从长计议，诚信经营，为游客提供更多价廉物美的产品。世界那么大，景点那么多，旅游又不是生活必需品，雪乡靠什么持续吸引游客？明码标价就能万事大吉吗？“一锤子买卖”还能走多远？这些问题，不容回避，值得雪乡政商各界深思。

原载：“红网”2018年11月25日[①]

① 转载：“人民日报客户端”2018年11月25日。

车改政策需要精准落地

记者近期在贵州、云南等地调研时了解到，公车改革在具体落地过程中，仍存在一些“不适感”，出行不方便、补贴难报销、分配不公平等问题在基层表现突出。[①]

全面推行公务车制度改革，是厉行节约反对浪费、遏制“车轮上腐败”的重要举措。通过改革，消减了公车数量，节约了车辆购置、运营和维护方面的经费，是顺民意得民心之举，维护了党和政府的良好形象。

不过，值得注意的是，公车改革改出新气象、新风貌的同时，也确实带来新问题。如：公务交通补贴不合理、不公平，一些地区基层办事人员除公务员外，大多数办事人员没有一分钱补贴，挫伤了他们的积极性；公务出行不方便，公共交通大多无法到达村组，下基层成了一些机关单位的“老大难”；老少边穷地区工作半径大，车补又太低，开私车下乡，一个月车补可能还不够油费支出；私车公用现象越来越多，拼车出行成了办事人员的首选，但其中隐含的安全责任风险，还未引起重视。

① 参见：“半月谈”2019年1月13日。

出现上述情况，主要是一些地方车改方案考虑不周、“一刀切”落地所致。车改涉及面广，关乎各级机关事业单位人员的切身利益，也关乎各项工作能否顺利开展。我国幅员辽阔，各省市经济社会发展不平衡，同一省份各市县情况也不尽相同，要让车改政策落地，务必要深入调研，制定出符合本地区本单位实际的方案，切忌简单照搬硬套上级或其他地区的政策，“一刀切”式的推行车改政策难免出现“水土不服”。

要减少车改过程中的“不适感”，关键是政策落地要精准。在把握公车改革政策总目标、大方向的前提下，各地区要因地制宜，因城、因县、因乡施策，像精准扶贫一样，精准落地车改政策。要及时处理车改过程中出现的新问题，该纠偏的纠偏，该“打补丁”的“打补丁”，不必追求政策落地的“大一统”标准。

从车改存在的问题看，当前有必要扩大交通补贴的适用范围，适当向基层人员倾斜，降低补贴金额级差。特别是经济欠发达地区，要提高经常下基层办事人员的车补标准，鼓励他们拼车出行，并为此制定配套规定，适当分担车主费用，解除车主的后顾之忧。公车改革就是要避免有人“近水楼台先得月”，占尽公家便宜；但让老实人吃亏，经常性地自掏腰包办公家事，也不符合车改政策方向。车补不够油费，应该引起足够重视，车改政策已到了该纠偏的时候了。

原载：《海口日报》2019年1月13日

药品带量采购配套措施别“晚点”

2018年12月，北京、上海、广州等11个城市开展药品带量集中采购和使用试点工作，共有25种药品中选，平均药价降幅52%，最高降幅达96%。2019年1月17日，国务院办公厅发布《关于印发〈国家组织药品集中采购和使用试点方案〉的通知》，决定从3月下旬开始，在11个试点城市落实中选药品的使用，患者将陆续用上试点采购的药品。①

与以往药品集中采购只价格招标不同，带量采购承诺药品销量，医保基金提前支付部分采购款项，且保证在8—15个月内用完。这种情况下，药品销售环节被压缩，药企成本可控，药价有了大幅降低的可能。从中标结果看，药价降幅之大超出预期，包括一些治疗癌症的救命药，引起各方关注，甚至引发证券市场医药股股价大挫。

药品带量采购的好处显而易见：药价明显降低，减轻患者药费负担；降低企业交易成本，净化流通环境，改善行业生态；引导医疗机构规范用药，支持公立医院改革，对我国医药体制改革也将产生深远影响。

---

① 参见：《人民日报》2019年1月18日。

不过，试点城市落实相关工作过程中，可能产生的“后遗症”值得关注。一是中选药品会“见光死”吗？即中标价降幅大的药品由于利润低，医生不肯开具处方，药企不愿生产，造成该药品在医院、药店短缺甚至断货。带量采购后，药品“见光死”现象能否避免？

二是在试点医院会不会产生“虹吸效应”，将非试点城市患者吸往试点医院，造成试点城市医院人满为患，正常医疗秩序被打乱？目前试点的11个城市，几乎都是特大城市，本来医疗资源就集中，如果带量采购药品价格大降，其他地区的患者为节省药费，可能舍近求远前来就医，这种情况下如何应对？

三是如何确保药品降价不降质？此次试点带量采购，要求仿制药与原研药同台竞争，仿制药必须通过质量和疗效一致性评价。问题是，药企中标后，一些仿制药品需求量会大增，如何确保药品增产不降质？诸如此类问题考验着有关部门的监管水平和药企的管理能力。

药品带量采购，以量换价，一改过去集中采购“有价无量”的弊端，必将对医药生产流通带来重大影响。虽然是局部试点，但各方利益调整在所难免，出现“后遗症”也是可以预见的。凡事预则立。药品带量采购开始试点，配套措施必须跟上，以最大限度地避免由此产生的“后遗症”。否则，配套落地“晚点”，试点改革成效难免打折扣。对此，有关部门不可不察。

原载：“红网”2019年1月18日[①]

① 转载：《经济参考报》2019年1月20日。

标语泛滥也是形式主义

最近，《新华每日电讯》刊发报道，讨论基层标语乱象。有江苏基层宣传工作人员反映，现在悬挂宣传标语的任务太多了，“各个部门都要，忙不过来”。读书月、征兵、法制宣传日等，都要挂标语，造成该镇交通要道两旁电线杆上缠满了挂标语留下的铁丝，有些地方甚至密密麻麻，像蜘蛛网一样。

标语被非议，不是“大姑娘坐花轿——头一遭”。近来，不少有明显低级错误的标语被媒体曝光，如“科学致贫，精准扶贫”“让城市更文明，让生活更没好”“扫黑除恶，害人害己”……这些乌龙标语，反映了部分干部敷衍应付、不严不实的工作作风，但也必须承认，需要悬挂的标语实在太多，忙中出错也是不可忽视的因素。

有干部吐槽，基层工作任务繁重，对挂标语之类稍微简单的任务，没有时间精细化审核把关。为了完成应接不暇的挂标语任务，有的单位直接委托广告公司制作、悬挂，有的干脆让打印店根据某个主题自行到网上搜索标语模板，制成后自行悬挂。如此这般，审核形同虚设，责任层层递减，忙中出错在所难免。

标语，是动员群众、推进工作的重要载体，要求用语凝练准确、通俗易懂，将重要政策精神、工作任务，用标语口号的形式广而告之，可以起到一定的宣传效果。悬挂标语，应该是一些单位部门开展各项工作不可或缺的抓手。

然而，近年来，标语在实际应用中出现了越挂越多、内容越来越长的泛滥趋势。年度例行性工作、专项工作、行业工作、部门工作、突击工作，哪一项工作部署不需要悬挂标语？许多单位的工作汇报、年度考核，还将悬挂标语数量列为考核指标，有的还要求拍照“留痕”。于是，在乡村、街道、小区、单位、公共场所等地方，各式标语“抬头不见低头见”。在某些热门地点，A标语悬挂没几天，B标语又要“上岗”，C标语已在印制的路上，换标语如“走马灯”。因此，出现电线杆挂标语的铁丝像蜘蛛网，也就不足为奇了。

过去，信息传播条件有限，标语可以起到应有作用。现在，进入移动互联网时代，信息传播高度发达，标语宣传的边际效应越来越小，公众关注度越来越低。在当下，过分依赖标语和夸大其作用，显然不合时宜。随处可见的标语，既难以达到预想的宣传效果，影响市容美观，还浪费人力财力，有时甚至会有损单位形象，值得反思。标语泛滥，到了非治理不可的地步了。

原载：《济南日报》2019年4月18日[①]

① 转载：《海峡通讯》2019年第5期。

坚决遏制“镀金”式干部混文凭

近日，有网友通过微博实名举报湖南两位厅级官员的博士论文涉嫌抄袭，引发舆论关注。湖南大学通过微博回应，针对举报，校方已成立专门工作组，开展调查核实。

近年来，学术不端事件频发，涉事者有在读硕士、博士，有高校教师，有研究员，甚至还有“两院”院士。涉事高校有普通大学，也不乏“双一流”名校；所涉学术不端主要是毕业论文（或学术论文）涉嫌剽窃、抄袭，且大多经查核“实锤”，影响恶劣，当事人要么被撤销学位，要么被行政解职。而在职厅级官员涉嫌学术不端遭举报，实属罕见，引起热议在所难免。

上述举报真相如何，各方不妨静待官方调查结论。但是，官员学术道德问题值得进一步探讨。学术道德，是学术研究必须遵守的准则和规范，而研究成果抄袭作假显然有悖诚信的学术道德。诚信为做人之本，连做人的最低标准都做不到，何谈学术研究？这是学术不端遭世人唾弃的根本原因。

值得注意的是，相较于学术界，官员学术不端行为的“破坏力”恐怕要更严重得多。首先，官员代表政府履行职权，某种意义上是政府形象的代表，社会关注度更高，学术道德上理应更为严格；其次，硕士、博士学位，往往成为部分官员升迁的“敲门砖”，“学者型官员”是他们引以为傲且被公众看高一线的标签，是学而优则仕的捷径。假如官员学术道德出现问题，损害的不仅仅是其个人声誉、政治前途，甚至还会影响政府的权威，败坏政府形象。

我们党选拔任用领导干部的一贯标准，是“德才兼备，以德为先”。官员学术道德，理应是“德”的重要组成部分。不过，检视当下考察干部，学历证书真实性是核实重点之一，但学术道德没有被列入考察范围。也就是说，对拟提拔考察的对象，无须核实其学术论文等有无涉嫌学术不端。这种情况下，某些存在学术背德行为的官员，完全有可能蒙混过关，并提到提拔重用。

大数据时代，要核实某个干部有无学术不端，没有技术性障碍。当前，高学历干部越来越受到重视。鉴于学术道德的重要性，笔者建议，组织部门应将学术道德列入干部（特别是高学历干部）提拔考察的范畴。这样，既能避免“南郭先生”式干部滥竽充数，也可遏制部分“镀金”式干部的混文凭现象，还能匡扶学术和社会风气，一举多得。

原载：《人民政协报》2019年7月8日

年终总结“早产”也是形式主义

2019年11月下旬刚至，某单位收到上级关于做好年终总结的通知，要求认真总结2019年工作，并于12月10日前上交书面材料。值得注意的是，提早于11月下旬布置年终总结工作，在许多单位已成惯例。一些单位层级多，年终工作早安排，要求所属单位做好总结，无可厚非，但要求年终总结提前20多天“早产”，值得商榷。

年终总结，顾名思义，是对全年的工作回顾，一般而言，必须包括主要经济指标、重点任务完成情况、工作亮点、来年主要计划。离年终还有20多天即要上交总结，重要经济指标、数据汇总等，只能靠预估，难免存在偏差；有些事情按部就班，可以提前预判，但像安全生产之类的工作，不到最后一天，谁也不敢“打包票”；再说，天有不测风云，年终将至，人祸或许可以避免，但天灾谁能预测？因此，提早将全年工作“盖棺定论”，显然太过草率。

十多年前，国外一些著名媒体热衷评选年度“十大国际新闻”。为了吸引眼球，大多数媒体每到12月上、中旬，即依惯例公布评出的年度“十大国际新闻”。结果，2003年12月26日发生的造成8万多人伤亡的伊朗大地震，以及2004年12月26日发生的造成22万人死亡的印尼大海啸，均落选当年“十大国际新闻”，众多国际媒体屡被“打脸”。原因很简单，为了抢新闻，这些媒体不惜让年度评选结果“早产”，酿成“遗珠之憾”。所幸，媒体评选年度十大新闻“早产”现象，已几乎销声匿迹。

当下的年终总结“早产”，与过去年度“十大国际新闻”“早产”，有异曲同工之处。表面看，这是积极主动，把工作做在前面，实际上是将严肃工作简单化，视之如儿戏，令年终总结名不副实，是形式主义的表现，有违实事求是的工作作风。

移动互联网时代，上情下达十分便捷，要掌握一个单位的基本情况，主要靠平时而不是年终。让所属单位年终总结“顺产”，过了12月31日才上交，实际无碍本单位年终总结工作。因此，要求年终总结“早产”，顾此失彼，得不偿失，既不严谨，也无必要。

原载：《河南日报》2019年11月20日[①]

① 转载：“人民日报客户端”2019年11月20日。

日常巡逻何须进口豪华摩托

2020年5月21日，广西柳州公共资源交易平台一则“进口警卫摩托车采购”中标结果公告显示，该市公安局交警支队用公开招标的方式采购了3辆进口本田大贸警用摩托车，供应商中标金额为132.5万元，每辆单价超过44万元。对此，柳州交警支队有关人员回复记者查询称，该进口摩托车用于出警巡逻。[①]

媒体注意到，2019年4月，柳州交警支队以同样方式采购了3辆进口警用摩托车，中标价是98.7万元，每辆单价约33万元。也就是说，一年左右的时间，柳州交警支队共花231.2万元购买了6辆进口摩托车。柳州是地级市，不属发达地区，出手如此豪气，连日前被曝光采购哈雷摩托的东北某省会城市交警支队，恐怕也自愧弗如，甘拜下风。

按照柳州交警支队的说法，采购如此昂贵豪华的摩托是用于出警巡逻。问题在于，国产摩托或其他便宜的进口摩托，其性能无法满足日常出警巡逻需要吗？其实，答案不言自明。城市交警支队的主要职责，是在道路上指挥交通、维护交通秩序、纠正和处罚交通

① 参见：“澎湃新闻”2020年9月19日。

违章行为、处理交通事故等，履行这些职责，国产警用摩托怎样就无法胜任？何须进口豪华摩托？

当然，城市交警支队警用摩托有礼宾护卫等特殊需要，目的是给予到访贵宾最高礼遇，这是某些城市采购豪华进口摩托冠冕堂皇的理由。

事实上，党的十八大以后，从中央到各省市，迎送仪式大幅精简，礼宾护卫任务大为减少。更值得一提的是，即使“高大上”的国宾护卫队为外国元首到访行使护卫职责时的警卫摩托，也不是进口豪华摩托，而是产自浙江的警用摩托，其价格仅为本田大贸警用摩托的九分之一。因此，一个地级市以礼宾护卫需要为由，斥巨资购买进口豪华摩托，显然是站不住脚的。

一般而言，一座地级市的交警支队有几百辆警用摩托，所购买的几辆进口豪华摩托用于出警，使用的概率极少，巡逻的时间、区域也十分有限。在全国脱贫攻坚关键时期，一个财政资金并不宽裕的城市交警支队，采购单价逾44万元的进口豪华摩托，不管出于何种考量，都是脱离实际，慷公家之慨，贴自家门面，是“打肿脸充胖子”，搞形象工程。这种行为，无端浪费公帑，引发舆论关注，损害政府形象，有关部门不得不察。

原载：《河南日报》2020年9月21日[①]

① 转载：“人民日报客户端”2020年9月21日。

比赛诚可贵，救人价更高

近日，有网传视频称，广西罗城县第六届群文广场舞大赛上，一名老年舞者表演时突然倒地不起后身亡，其余人发现老人倒地后仍继续跳舞，引发网友热议。2020年10月2日，大赛承办单位罗城仫佬族自治县文化馆工作人员表示，老人跳舞过程中倒地身亡事件属实，“当时大家是反应不过来，在事发七八秒后就开展救治了，并不是网传的冷血”。①

网传视频显示，多名老人身着舞蹈服饰、持手鼓正在舞台上跳舞。跳到舞曲尾声时，前排一名表演者经过转圈、踢腿等动作后突然倒地，仰躺在地上一动不动，而舞蹈继续，其余舞者绕开老人继续表演。另一段视频显示，有医务人员上台对老人进行急救。令人惋惜的是，急救并没能挽回老人的生命。

跳广场舞是广大中老年朋友喜闻乐见的健身活动，算不上激烈运动。广场舞比赛，也是各地常见的文体活动，也备受群众欢迎。老年人参加相关比赛，大多怀着平常心，健身为主，重在参与。这种比赛发生意外，较为少见，即使有意外，大多也是手脚扭伤而已。

---

① 参见：《南方都市报》2020年10月2日。

不过，意外不常见，不等于相关的应急预案可以降低等级，特别是有老年人参加的比赛。从上述比赛看，不仅参赛队准备不足，主办方的应急响应也值得商榷。从工作人员打120呼叫救护车、现场未准备救护车的情况来看，主办方显然没有考虑到发生最严重意外的可能性。

与青少年身体条件不同，老年人由于年龄原因，难免有基础性疾病，稍有不慎，容易引发脑梗、心梗等极为凶险的突发疾病，而发生这种严重意外时，黄金急救时间是以秒计的。所以，举办文体活动过程中，如有老年人突然倒地不起，应当立即停止表演，第一时间进行抢救，而不应等表演结束再按部就班展开。

生命在于运动，但人的生命价值永远高于运动。举办任何文体活动、赛事，必须以保障表演者、参赛者的生命健康为前提，否则，就失去举办的价值和意义。因此，举办文体活动时，参赛者（特别是老年人）突发紧急状况，是让参赛队继续完成表演还是立马救人，不是多选题，而是必选题，救人。因为：比赛诚可贵，生命价更高。

原载：“红网”2020年10月3日[①]

① 转载：浙江卫视2020年10月3日。

景区停车收费百元起步，合理吗？

2020年10月2日，有网友发视频爆料称，湖南湘西凤凰古城停车费贵，“河边泥地里画条线就可以开始收费，临停1小时15元，过夜100元起步”。视频中一张收费表显示，该地停车收费“黄金周过夜：100元一台车”，“只包停车，不包看守”，而且“房价从前一天的150元暴涨至400元……”①

上述视频引发网友热议，三天内在抖音上获赞近88万，评论7万余条，转发2.2万次。10月5日，凤凰县文旅局一名工作人员回复记者称，视频发布者“断章取义”，景区正规停车场收费是有标准的，“过夜停车收费100元”属于个别老板行为。关于酒店价格暴涨，该工作人员称，文旅局只管星级酒店，“至于民宿客栈的价格，具体情况不太清楚”。

根据相关工作人员的说法，国庆黄金周期间，凤凰县有关部门对社会正规停车场和星级酒店的收费行为，有明确的监管规定，也有健全的投诉渠道。而对当地居民随意在河边画线乱收停车费，以及民宿价格暴涨等问题，有关部门没有否认，只表明这些是个别人

---

① 参见：“红星新闻”2020年10月6日。

（或民宿酒店）所为，不属日常监管之列。

事实上，凤凰古城旅游市场曾屡出问题，媒体时有曝光。经过多年综合治理，旅游秩序和服务水平近年已大有改观，市场主体经营理念得以更新，游客体验质量不断提升。但是，从上述爆料看，当地旅游市场监管仍未全覆盖，还留有不容忽视的监管空白。

一般来说，游客慕名前往凤凰古城旅游，没有市场调查的义务，不可能全面掌握当地停车场收费情况和各类酒店价格是否受监管，他们就自己所见所闻在网上发布，只要描述的是客观事实，不是恶意抹黑，就没有违反相关法律。有关部门以“断章取义”“个人行为”“不太清楚”等理由，或置之不理，或轻描淡写，值得商榷。

近年来，全域旅游作为一种新发展理念，越来越受到各地政府的重视。其中的关键是：整合全域社会资源，合理配置各项要素，形成结构优化、监管全覆盖、全员参与的旅游市场新格局。公开报道显示，创建全域旅游示范景区，正是凤凰古城近期工作的重点。而此时此刻，对网友爆料的停车乱收费和民宿价格暴涨问题，有关部门想大事化小，小事化了，甚至想撇清责任，显然有悖全域旅游发展理念，值得关注，也值得反思。

原载：“东方网”2020年10月7日[1]

① 转载：“人民日报客户端”2020年10月7日。

变味的“摆拍”短视频应整治

如今的短视频平台上，一些“社会事件”或“感人事迹”在大范围传播引发广泛讨论后，被发现实为“摆拍”。《家长给老师送锦旗，锦旗上写“教啥啥不行，叫家长第一名”》，这个吸引眼球的视频，想必不少人都在各大短视频平台刷到过。经核实，此视频为网友自导自演的虚假视频。

这样的例子还有很多，曾经广为流传的《外卖小哥送餐返回后发现车辆被偷，在路中坐地失声痛哭》《考上清华大学之后跪谢父亲》《广东夫妻办完离婚手续之后妻子晕倒，丈夫冷眼离开》等，均为摆拍短视频，涉及民生、教育、社会治安、道德伦理等层面。

这些摆拍短视频，善于拿“人性善恶”或者“极端现象”做文章，很容易击中受众内心深处的情感软肋。于是，受众在情绪化的状态下信以为真，积极转发扩散，令摆拍视频占据公众视野，收割流量。当然，摆拍翻车后，除了遭到公众谴责，还毫无例外被有关部门处罚。

短视频是一种互联网内容传播方式，随着移动终端普及和网络的提速，短平快、大流量的传播内容逐渐获得各大平台、“粉丝”和资本的青睐。近年来，随着网红经济的出现，短视频行业竞争呈现白热化态势。据统计，目前短视频用户规模已接近9亿，但“野蛮生长”特征明显，乱象频生。

在没有特别标示的情况下，发布摆拍短视频，让人信以为真，不管动机如何，是否以营利为目的，事实上已践踏诚信准则，愚弄万千受众，扰乱网络传播秩序，浪费公共资源。而发布者却可以收获更多关注，进而收割点击率。

整治短视频摆拍乱象，仅靠道德谴责、舆论呼吁以及轻微的处罚，还远远不够。监管部门有必要与时俱进，不妨出台短视频强制分类标识制度。让各大平台将短视频细化分类，并清楚标示，如：可以分成新闻事实、视频监控、艺术创作、表演摆拍等类型。用户在平台发布时，应当清晰标示该短视频所属类型，让受众心中有数，以免误读、误会、误传，造成不良社会影响。

与此同时，必须制定更为严厉的惩处办法，厘清平台方和发布者的责任义务，让发布者依规标识短视频类型，使平台自觉履行监督、检查责任，不让类型标识不清的短视频传播扩散。只有这样，摆拍乱象才能被有效治理，短视频行业才能健康发展，行稳致远。

原载：“东方网”2021年2月7日[1]

① 转载：“人民日报客户端”2021年2月7日。

都什么年代了，还搞“武大郎开店”

7次省部级科技进步奖（科学技术奖），6次国际发明展览会金奖，23项国家专利，100余项国家、省、市技术创新奖……“大国工匠”鹿新弟在具备条件的情况下迟迟评不上高级职称，单位一个“同意”的章成为最大“拦路虎”，将他挡在正高级工程师门外。[①]

这个鹿新弟不简单，屡获科学技术荣誉，是第十三届全国人大代表，还曾被评为全国劳动模范，被誉为“柴油机调试大王”，技术成果令“外国专家深感震惊”。近年来，鹿新弟累计完成创新成果526项，为企业创造经济效益上亿元，受到权威媒体的高度关注。

据了解，根据国家和省市有关政策，作为有突出贡献的技术工人，鹿新弟完全可以申报正高级职称。不过，自2019年起，鹿新弟正高级职称的申报均被所在单位以种种理由“否决”。该单位负责人回复鹿新弟称：“公司工程技术人员到现在还没有一个正高级工程师，你评上了，怕别人有想法。”

好一个“怕别人有想法”！那么，这“别人”到底是谁呢？是普通工人、技术干部，还是单位领导？鹿新弟取得的重大技术成果

① 参见：“新华每日电讯”2021年4月23日。

和诸多国家级荣誉，在单位无人能及，技术干部和广大工人再“羡慕嫉妒恨”，也不敢或无权反对他申报正高级职称。事实上，能左右鹿新弟申报正高级职称的，只有本单位领导，有“想法”的其实是领导自己。其背后的潜台词是：单位领导都没评上正高级职称，一个工人怎么可以申报呢？让领导们“情何以堪”？

问题是，假如一个单位的领导发现部属某些方面比自己强，担心被抢“风头”，就故意压制、压缩其成长空间，不让其“发光发热”，这不是搞“武大郎开店”——不容高个儿吗？长此以往，单位的用人机制必然走形，“能者上，庸者下”成为一句空话，人才流失自然成为常态。很难想象，一个单位领导嫉妒贤能，生怕下属“功高盖主”，热衷搞“武大郎开店”，其各项事业能够红红火火。

“21世纪什么最重要？人才。”电影《天下无贼》中这句广为流传的调侃台词，正以映照现实的方式，反映了当今社会对人才的重视和渴望。人才特别是像创鹿新弟这样的创新型人才，是人才市场的“稀缺品”，理应成为时代“宠儿”，值得万分珍视。各级领导应该与时俱进，以海纳百川的宽广胸怀，创新机制，广揽人才，努力营造“不拘一格降人才”的良好氛围，切忌用“土政策”压缩人才成长空间，特别是容不下比自己水平高的人才。都什么年代了，还搞“武大郎开店”？

原载：“东方网”2021年4月25日[①]

① 转载：《楚天都市报》2021年4月27日。

让更多城市道路记住历史

近日，江苏建湖县民政局发布《关于县城区部分道路命名、更名的公告》（以下简称“公告”）。《公告》中称，政府拟将主干道湖中路与秀夫路对调路名，即将湖中路更名为秀夫路，将秀夫路更名为湖中路。《公告》发布后，引发争议。

关于更名理由，《公告》中称，作为城区主干道，秀夫路从东湖、西湖组成的“双湖公园”中间穿过，是县城中轴线，命名为湖中路更为合适。湖中路与秀夫路同属南北走向主干道，将其更名为秀夫路，也不失对历史名人陆秀夫的尊重。

不过，诸多网友认为，上述两条道路相隔不到一公里，均处在城区繁华地段，沿街机关单位、商场那么多，群众早已习惯了既有的名称，改了路名会让人很不习惯。而且，改名后要与各大导航软件平台对接更新，又要更换路牌、门牌，无形之中将增加成本。因此，对调湖中路与秀夫路的路名，既给市民带来不便，又浪费金钱，多此一举。对此，建湖县有关部门表示，现在是征求意见阶段，将把收集到的各种意见，上报给县政府。

城市道路更名引起争议，并非个案。大约三年前，湖北恩施一口气对60条道路进行重新拟名、更名，被市民吐槽“不好记、会绕晕、瞎折腾”。又如安徽宣城拟对4条入城主干道更名，被批评“欠缺文化内涵、切断历史记忆”。2015年4月，郑州市将历史悠久的“祭城路”更名为“平安大道”时，还被五名市民提起行政诉讼，要求恢复原路名，引发广泛关注。

一些城市提出对部分道路更名的理由，或认为原名“不合时宜”，或觉得不够“高大上”，或以为“名不副实”，认为将其更名是与时俱进，可以更好地宣传城市理念，以适应新时代发展要求。这或许是某些城市热衷更换路名的“原动力”。

问题在于，每一条道路的名字，并非若干汉字的简单组合，而是留有时代痕迹，其中流淌人文血脉，倾注市民情感，蕴含丰富的文化元素，是一定历史条件下的产物，是一座城市历史文化遗产不可或缺的组成部分。某种意义上说，记住一条道路的名字，无形中也记住了城市发展的一段历史。正像秀夫路，原本是为了纪念建湖县历史名人陆秀夫而命名，保留其路名不变，不是建湖城市建设沧桑巨变的最好见证吗？

由此看来，轻率更改一条有历史意涵的城市道路名称，不仅徒耗资源、给各方带来不便，还涉嫌轻慢历史人物、漠视市民情感、割断城市发展文脉，务必要慎之又慎，三思而行。国家有关部门有必要出台措施，对城市道路更名作出更为严格的限制，以抑制道路更名冲动，避免受到“政绩工程”等因素的干扰，从而让更多路名承载文脉，让市民记住乡愁，让道路记住历史。

原载：《人民政协报》2021年5月30日

泰山何不发布“观日出指数”？

2021年国庆假期，山东泰安的泰山游客激增，许多游客为了观看泰山日出，选择夜宿泰山。10月3日，有网友称，大量游客因泰山顶降温，只得躲在厕所取暖。景区工作人员称，游客在厕所避寒是泰山降温导致，且这几日泰山下雨，无法保证游客能看到日出。①

据了解，这些游客在山顶过夜，为的就是观看泰山日出。由于国庆黄金周游客太多，酒店房间供不应求，且价格过高，许多人不得不选择在山顶就地等候。但近日持续下雨，泰山山顶气温下降，游客无处避寒，只好躲进厕所取暖，处境窘迫，所幸没有发生人身安全事故。

值得注意的是，今年清明节假期，也有泰山游客在山顶厕所过夜，曾引起广泛关注。当时，泰山景区发布声明称，由于夜登泰山游客较多，他们大多窝在山顶的墙角、山坳、山洞等避风处，以露宿方式等待日出，当天夜间降温严重，确实有游客在厕所避风、过夜。

泰山是五岳之首，古人封之为“神山”，气势雄伟磅礴，千百年来令无数游客为之神往。特别是泰山日出，雄奇瑰丽，动人心

① 参见：“人民网”2021年10月6日。

弦，是岱顶奇观之一，也是泰山“五岳独尊”的重要标志。登泰山观日出，成为广大游客极为珍视的旅游体验，也是夜游泰山火爆的根本原因。

不过，泰山观日出能否如愿，除季节因素影响外，像雨雪天或连续阴雨天，看到日出的机会微乎其微。实际上，夜游泰山却看不到日出的游客数不胜数。看来，登泰山观看日出，除了勇气和汗水，游客还需碰上好天气。

今年国庆期间，泰山天气不佳，连续多天下雨，日出“爽约”的概率很高，不少游客乘兴而去，遗憾而归。假如事先知道观日出的概率很小，相信很多游客会改变行程，避免在厕所取暖、过夜。由此看来，如果泰山能发布每日“观日出指数”，预测当天看到日出的概率大小，让游客心中有数，显然可以大幅减少游客在山顶无谓的等候。

事实上，发布特定旅游项目的天气指数，算得上是国际惯例。如：靠近北极圈的冰岛、挪威等国的旅游部门，在观看北极光的热门季节，每天都会发布当地“观看极光指数”，预测第二天或未来数天看见极光的概率及最佳时段，以引导游客合理、科学安排行程。2019年7月1日起，河北秦皇岛气象局发布“日出观赏指数”预报，分为“适宜”“一般”“不适宜”三个等级，让游客了解是否适宜观赏日出美景。

他山之石，可资借鉴。综上所述，泰山很有必要推出“观日出指数”，让游客了解登泰山看到日出的概率，避免受盲目登山之苦，以提升游客体验，更好维护旅游秩序。在气象观测技术越来越先进的今天，发布泰山“观日出指数”，不存在技术障碍，且一举多得，何乐不为？

原载：“东方网”2021年10月6日①

① 转载：“人民日报客户端”2021年10月6日。

让老年人从容过马路

2021年12月12日晚，北京卫视热播的社会民生类节目《向前一步》推出“文明驾车，礼让行人”特别节目，为文明出行搭建“桥梁”，与交通参与者探讨城市交通那些事。节目中关于北京市有些道路大型路口绿灯通行时间不足，老年人过马路存在不容忽视的安全隐患，引发市民热议。[①]

记者调查发现，一些北京老年人想要在目前规定的时长内通过大型路口，还是有一定困难，即使在所调查的路口绿灯时长已经从34秒延长到46秒，仍有腿脚不便的老年人不能按时通过。有年长市民提出，应多考虑老年人的现实情况，把行人绿灯时间延长到一分钟，给老人多些心理准备，也能更安全地过马路。

一座逾两千万人口的超大城市，在提高城市通达时效的同时，既要最大限度确保道路安全畅通，又要平衡各方出行诉求，确实考验城市管理者的智慧。作为汽车拥有量庞大、市民老龄化程度很高的北京，近年来，通过对交通设施“微改造”，老年人出行便利性、安全性得到一定提高。但是，从市民诉求及媒体调查看，确保

① 参见：“北京时间”2021年12月12日。

老年人安全过马路，交通管理方面仍有较大提升空间。

如何让老年人安全过马路？这是当下各大城市面临的共同问题。虽然城市大小不同、管理水平有异，但在构建“老年人友好型”社会方面，均存在亟须解决的现实问题，而老年人出行不便无疑是突出难题之一，值得有关部门高度重视。

2020年9月27日早高峰时段，浙江宁波街头，为了让一位行动不便、年近八旬的老年人安全通过路口，途经车辆主动礼让，陌生路人奔跑送伞，值班交警在后台将斑马线绿灯时间延长了97秒，直至该老人安全通过，各方完全自发地共同完成了一次配合默契的爱心传递。这温暖的一幕通过央视等媒体传播后，感动无数受众，充分彰显了一座城市应有温度。

民生无小事，让老年人（包括孕妇、残障人士）安全出行，牵涉千家万户，体现交通设施“适老化”水平，事关以人为本执政理念。现实中，绝大多数老年人不可能像上述近八旬老人般幸运，但宁波交警特意延长绿灯时长启示我们，城市精细化管理大有可为，且又任重道远。

大数据时代，各个城市完全可以通过人性化硬件改造或技术手段，拓宽交通建设“适老化”改造范围和内涵。如：在有需要的路口增加绿灯通行时长，确保老年人可一次性顺利通过；或设置安全岛，让有需要的行人可以接续通过；或在大型路口设置过马路特别按键，让老年人等特需人群利用此按键从容过马路。

原载：“东方网”2021年12月13日[1]

① 转载：《中国老年报》2021年12月15日。

“不打扰”是人与动物最佳的相处方式

近日，有南京市民发布视频，在明孝陵附近，频繁有野猪下山，不少人多日连续在固定地点投喂野猪。人们对着密林深处招手，只见一只野猪突然现身，熟练地钻过围栏，吞食起扔在地上的食物。对此，南京林业大学教授鲁长虎提醒市民，遇到野生动物，不要上前干扰，也不要投喂食物，保持自然相处的状态即可。[①]

近年来，野猪进校园、进地铁站、进奶茶店等新闻屡见不鲜，南京人已经逐渐习惯了这些新“邻居”。专家介绍，野猪在城市近郊，由于栖息地环境与食物资源充足，加之山林中天敌少见、人类干扰减少，繁殖后代的成功率较高，数量增多，因而与人类近距离接触的机会，自然大大增加。

市民与野猪“偶遇”，在不少城市时有发生，特别是武汉华中科技大学校园林荫大道上，几乎每年可见野猪逍遥溜达。在各地乡村，野猪更是村民房前屋后、田间地头的“常客”。随着我国生态环境保护成效日益凸显，野生动物栖息地环境越来越好，种群逐渐增多，与人类“相逢”越来越频繁。除野猪外，野兔、野猴、野象、大

---

① 参见：“中国江苏网”2022年3月5日。

熊猫、东北虎等野生动物，与人类“互动”的新闻不时见诸媒体。

人类应该如何与野生动物和谐相处，是不容回避的重大公共课题。不必讳言，在这方面，我们仍然存在诸多问题。如：滥捕滥食野生动物现象减少了，但侵扰其栖息地现象时有发生；与野生动物“相遇”多了，过度打扰野生动物却司空见惯；保护野生动物理念日趋深入人心，如何与动物相处却常常让人无所适从。像“投喂”食物、围观追逐，成为人们与野生动物最常见的“互动”方式。

任何野生动物，无论是濒危的还是常见的，在生态系统中都有其独特的作用和定位，其他物种无法取代。值得注意的是，有的野生动物还是某些人类未知致命病毒的宿主。因此，与野生动物保持适当距离，“不打扰”才是最好相处方式。任何近距离的接触“互动”，对人类和野生动物而言，都是充满风险之举。

自2019年1月1日起，央视一套黄金时段每日播出时长1分40秒的短片《秘境之眼》，通过布设在我国保护地上万个远程摄像头拍摄的珍贵动物视频，以原生态方式，把观众带进高山、密林、湿地、荒漠的秘境，讲述人与自然和谐共生的故事，让亿万观众通过珍贵镜头，与人类的邻居——野生动物来一场“不被打扰的相逢”。

不过，在现实中，人们与野生动物“相逢”容易，“相处”难。于动物而言，期待“不被打扰的相逢”更是难上加难，许多时候充满未知数，有时还隐含风险。人类与动物都是自然界生灵，作为“邻居”，“相逢”而不“互动”，“相处”而“不打扰”，保持适当距离，才是人与野生动物和谐共生的理想境界。

原载：“东方网”2022年3月7日[1]

① 转载：安徽卫视2022年3月7日、《作文与考试》（2022年第22期）。

“缓扫落叶”是一堂美育课

初冬时节，北京的部分街巷能欣赏到落叶遍地的景象。记者从北京市园林部门了解到，为了让落叶景观多停留一段时间，北京园林部门在部分区域采取“落叶缓扫”措施。随着气温下降并伴有大风，北京各个公园和街头巷尾的落叶迅速增加，金黄色的落叶在阳光照射下显得格外灿烂。市民洪女士兴奋地说：“孩子在这儿捡树叶，玩得可开心啦！北京市‘落叶缓扫’的做法非常好，很人性化，这才是秋天的样子。”

为了让秋色美景能够伴随市民更长时间，近几年来，北京园林部门都会专门下发通知要求特定区域“落叶缓扫”，并形成了一项常态化制度，受到市民广泛欢迎。事实上，全国已有越来越多的城市像北京一样，在特定季节、特定区域缓扫落叶。这一举措，给城市增添了一抹别样的诗情画意，让广大市民驻足、观赏、拍照之余，感受别有韵味的“落叶之美”，领略城市独特的人文关怀和诗意温度。

落叶归根，本乃自然规律。但是，从古至今，落叶成为一些文人骚客赞美对象，留下不少脍炙人口的诗句。如：“秋风吹渭水，落叶满长安”（贾岛），“况属高风晚，山山黄叶飞”（王勃），

“无边落木萧萧下，不尽长江滚滚来”（杜甫），“叶下洞庭初，思君万里余”（上官婉儿）等。这些唐诗，写尽落叶的生命之美、凄凉之美、浪漫之美，容易引起读者共情。正是这种朴素的情感共鸣，赢得了越来越多北京市民为“落叶缓扫”叫好。

值得一提的是，“落叶缓扫”在一些地方仍存不同声音。城市园林部门一直尝试在特定区域“落叶缓扫”，环卫、消防部门则忧虑过多落叶容易引发环境污染、道路安全、火灾隐患。实际上，只要管理到位，环境污染、消防安全之虞不足为虑。令人欣慰的是，大多数城市政府部门都能很好地回应民意关切，在特定时间段对特定区域“落叶缓扫”，收获广泛好评。

对一座城市而言，“落叶缓扫”还是一堂生动的美育课。市民不仅可从片片落叶中感受到有关部门的“心意”，还可以从不同角度、多个层次领略“落叶之美”，激发美好情感，升华审美情趣。特别是各级学校不妨因地制宜“小题大做”，围绕“发现落叶之美”这一主题，策划、组织开展好形式多样的审美教育活动，切实提高学生发现美、感知美、传播美的能力，让每一片落叶都不被辜负，让每一份美好都不被错过。

法国著名艺术家罗丹说过，“世界上并不缺少美，只缺少发现美的眼睛。”现实中，美好的事物无处不在，但发现美的眼睛却十分珍贵，美育则是培养“发现美的眼睛”最有效途径。当前，各级学校越来越重视开展美育活动，这离不开系统的美育理论引导，也需要“落叶缓扫”之类就地取材的生动课堂，通过这些接地气的美育课，让学生们感受无处不在的生活之美，养成更多善于“发现美的眼睛”。

原载：《绿化与生活》2022年第12期

自媒体切勿当虚假信息的“搬运工”

近日，开国少将何克希的外孙女石女士在社交平台上发文称，自己外公的照片被自媒体私自盗用转发，并张冠李戴，外公被当成了“革命叛徒”。对此行为，石女士及其家人感到无比愤怒，表示相关自媒体涉嫌诬蔑英烈，目前已经完成取证，且通知相关部门，下一步将报案追究相关自媒体博主的法律责任。①

据石女士不完全统计，这些视频被22个自媒体账号转载或发布在8个不同的社交平台上，其中最早的视频发布于今年4月。石女士及家人对这些自媒体博主的行为表示不理解：“为什么会将外公的照片与顾顺章联系在一起，不仅是对我外公，还对我们全家造成了伤害。”

史料显示，何克希早年从事地下情报工作，1935年成为中央特科成员，1955年获授少将军衔，是老一辈无产阶级革命家；顾顺章曾任中央特科负责人，1931被捕后投降国民党，成为中共历史上最危险的叛徒，1935年6月被秘密处死。前者是革命家，后者是革命叛徒，相关的史料及照片在网上可轻易搜到，而个别自媒体却盗用何

① 参见：“东方网”2023年8月17日。

克希照片并张冠李戴，把革命家当成“革命叛徒”，令人愤慨。

值得注意的是，上文提到的22个自媒体绝大多数是转载其他自媒体视频，是虚假信息的“搬运工”。问题是，有损公民、组织声誉的不实信息，不管自媒体是原创还是转载，只要通过网络社交平台账号发布，就会构成传播虚假信息的事实，对相关权利人造成名誉损失；造成严重负面影响的，依照现有法规，不管是无心之失，还是有意为之，都必须承担相应的法律责任。

近日，北京互联网法院公布了一起网络“大V”转载含不实信息的文章被判赔10万元的典型案例。被告周某为“娱乐大V”，发布文章称原告陈某学术造假、爱妻人设破灭等，一度登上热搜。尽管被告抗辩称“文章为转载搬运”，但法院审理认为，被告通过“大V”账号转发文章时，未尽合理核实义务，吸引流量谋取不当利益，存在主观过错，遂判决被告发布道歉信并支付原告精神损害赔偿金10万元。

《互联网信息服务管理办法》明确规定，互联网信息服务提供者不得“制作、复制、发布、传播”含有“侮辱或者诽谤他人，侵害他人合法权益”等内容。自媒体“转载搬运”信息已被“复制、发布、传播”行为所覆盖，并非“法外之地”。因此，网络“大V”转载不实信息被判赔10万元，一点也不冤；石女士决定对其外公照片被张冠李戴的自媒体追究法律责任，正当合法，是正义之举。转载有风险，自媒体切勿当虚假信息的“搬运工”。

原载：“东方网”2023年8月18日[1]

① 转载：“人民日报客户端”2023年8月18日。

理性看待“社区干部月薪两万”

近期，有网友在社交平台发布了一份《虎门镇2022年社区干部薪酬分配表》，其中显示了广东东莞虎门镇新联社区七名干部的年薪构成情况。总体来看，这七名社区干部的年工资绩效收入均在20万元以上，其中社区支部书记的收入甚至超过了25万元，月薪超两万元。[①]

2023年5月30日，记者以市民身份致电虎门镇，相关部门人员回应：“该社区有一个经济联合社，财务独立核算，由他们自行做薪酬分配。”该工作人员同时表示，上述社区干部的收入并非来自财政拨款，而是社区自行分红所得。此前，新联社区有关人员向记者解释说，这些社区干部薪酬“还只算中等水平，附近有几个社区的薪酬还要更高些”。

“社区干部月薪两万”引发关注，网友议论纷纷，其中不乏“玻璃心”言论。如：有觉得“工资没问题，但发绩效就夸张了”；有表示“不相信自己耳朵”，相比之下，“大学毕业生太廉价了”；有坦言“嫉妒的泪水从嘴里流出”；有质问“是否缴足个

① 参见：“红星新闻”2023年5月31日。

人所得税”；还有提醒纪委监委重点盯住“高薪社区干部”……

上述看法有一定代表性。在我国整体经济仍在“爬坡过坎”、不少企业效益下滑、就业形势依然严峻等背景下，网友们对一个镇“社区干部月薪两万”关注有加，不足为奇。毕竟，即使在经济发达的大城市，月薪两万元也是令人羡慕的。

问题在于，东莞市的镇属“社区”非彼社区，此“社区干部”非彼社区干部。全市社区与传统意义上的社区不同，大多由属地村级组织转型设立，承继村集体资产，并实行公司化经营，社区干部一般兼任实体公司高管。也就是说，这些社区都有经济实体，社区干部不仅要为辖区成员提供公共服务，还需履行社区集体经济管理职责，承担应有的经营责任和风险。

以下统计数据可能“惊掉很多人下巴”：截至2022年底，东莞村（社区）集体经济总资产2508.9亿元，578个社区中总资产超过10亿元的共有28个，实力最雄厚的中堂镇潢涌社区，资产总额达80.77亿。同年，东莞全市社区集体纯收入232.2亿元，涌现出37个“亿元村”，其可支配收入最高的潢涌社区达7.23亿元。可见，新联社区工作人员说“社区干部月薪两万”只算中等水平，并非谦辞。

东莞经济发达、城市化程度高，但社区经济发展并不平衡，年纯收入上亿元的社区占比不大。社区干部年收入与社区集体经济经营效益挂钩，且有规范、严格的考核程序，考核结果必须经得起村民监督和审计考验。事实上，在经济发达的珠三角、长三角地区，中高收入社区干部不在少数。因此，讨论“社区干部月薪两万”之类问题时，不妨摘下“有色眼镜”，实事求是，理性看待。

原载：“东方网”2023年6月10日[①]

① 转载：“人民日报客户端”2023年6月10日。

治理“僵尸车”应避免“僵尸思维”

2023年7月12日，一则名为“一辆武汉牌照的宝马车，停放在哈尔滨一家商场地下停车场三年多没挪窝”的视频在网上流传。记者采访获悉，此消息属实，网友纷纷为车主担忧，疑惑车主在哪里。①

网传视频显示，这辆车牌号为“鄂A3X11××”的宝马车，停放在某商场一个地下停车场的车位上，车身落满灰尘。商场工作人员称，停车场收费，一天是97元，现在已经产生近10万元的停车费用。他们曾经联系过车主，车主的意思是因与他人有经济纠纷，车就丢在那里了，一直也没有人来挪过车。由于是外地车牌，商场也不好报警处理。

近年来，随着城市汽车拥有量持续增加，“僵尸车”越来越多。它们类型各异，有豪华小轿车，也有大型货车；“趴窝”时间短则一两年，长则十年以上。媒体曾报道，一辆“最牛僵尸车”在上海某小区“趴窝”超过十七年后，才被有关部门拖走。

“僵尸车”已成为城市管理不容回避的问题，主要体现在：一是“僵尸车”占用公共停车资源，妨碍车辆和行人的正常通行，容易引发交通事故；二是停置过久会污染环境，车辆由于长期不

① 参见：“极目新闻”2023年7月13日。

使用，容易造成汽油泄漏，在空气中挥发后会变成有害气体；三是时过境迁，车辆内部构件会老化，尤其在高温天气，有可能引发自燃，隐患极大；四是造成资源浪费，停放时间越长，其变卖或回收价值就越小；五是有碍观瞻，有损城市形象。

在一些城市管理者看来，治理“僵尸车”存在“法律盲区”。他们认为国家对机动车实行所有权登记制度，即便是长期无人问津的“僵尸车”，从法律上讲也是有主物，其仍是权属人的个人财产，受法律保护，禁止任何单位和个人侵占、哄抢、破坏。总之，轻率处置“僵尸车”存在不确定的法律风险。

一些执法者认为，主动处置“僵尸车”于法无据，且难度大、时间长、成本高，于是倾向于采取保守处置办法，或挪至指定场所长期集中存放等待“最佳”时机，或任由停放场所管理者或权属人自行处置。这种消极态度，显然无法应对“僵尸车”频现态势。

处置“僵尸车”应当避免“僵尸思维”。事实上，依据《物权法》《道路交通安全法》《行政强制法》《机动车强制报废标准规定》等法律、规章，完全可以找到相应的依据解决。大数据时代，“僵尸车”不管停在道路还是停车场，通过交警等部门找车辆权属人，有诸多渠道；如果车主失联，以公告通知无果时，即可视之为车主对自身物权的抛弃；为避免法律风险，提请人民法院认定“僵尸车”为无主财产，相关此类事件早已有不少成功案例。

总而言之，“僵尸车”是“死的”，处置方式是“活的”，法规也摆在那里。一些地方之所以出现“僵尸车”处置难题，其实是“僵尸思维”在作祟，进而消极应对、畏难执法，这恐怕才是最值得关注之处。

原载：“东方网”2023年7月14日[①]

① 转载：“人民日报客户端”2023年7月14日。

《罗刹海市》不应成为网暴“护身符”[1]

近日，歌手刀郎推出新专辑，其中歌曲《罗刹海市》的歌词被网友解读为是在暗讽那英、杨坤、汪峰、高晓松。7月28日凌晨，有网友发微博评论：“一群人变成了自己讨厌的样子，去网暴那英，拉踩杨坤、汪峰这种操作真的叹为观止……差不多可以收场了……《罗刹海市》这歌可能骂的就是你哦。”杨坤在这条微博下留言“最后一句说对了”，首次回应《罗刹海市》连日来引发的风波。[2]

与刀郎以前的歌曲相比，《罗刹海市》无论歌词与曲风都明显不同。歌词写道：“罗刹国向东两万六千里，过七冲越焦海三寸的黄泥地，只为那有一条一丘河，河水流过苟苟营，苟苟营当家的叉杆儿唤作马户……”歌词晦涩，网友说，没点文化还真看不懂。

据了解，《罗刹海市》的歌词来源于清代小说家蒲松龄创作的同名短篇小说。该小说描写了一个虚幻的“国家”，那里的人以丑为美，越是狰狞怪异，人们越以之为美，越显荣华富贵。小说末尾，作者叹道：“花面逢迎，世情如鬼。”有人分析，蒲松龄在科举

---

① 本文曾登上“今日头条”热搜榜第一名，当天阅读量5817万次。

② 参见：“红星新闻”2023年7月28日。

制度下怀才不遇，于是借小说指桑骂槐。

刀郎的《罗刹海市》一经推出，引起极大关注。据了解，一周内平台播放量超10亿次，歌词更引发诸多思路清奇的解读。如：有网友认为，歌词百分之百在“内涵”曾经“贬低”刀郎音乐的“乐坛大咖”；有网友煞有介事地将某句歌词与某音乐人“对号入座”，称越细品越有“味道”；有网友感叹，文化人就是不一样，骂人不带脏字，却尽得风流；有网友直呼，原以为刀郎已相忘于江湖，谁知竟悄无声息磨了一把大刀，“君子报仇十年不晚”……

不少网友则直接到被“对号入座”音乐人社交账号评论区留言，或极尽讽刺、挖苦之能事，或要求其公开向刀郎道歉，或号召抵制他们的歌曲，或呼吁他们“告别乐坛”，更有甚者，直接爆粗开骂……有多名音乐人自媒体评论区“沦陷”，有的留言达数百万条，其中不乏诽谤性、污蔑性、诋毁性、攻击性言论，具有明显的网络暴力特征，令人担忧。

此前，面对《罗刹海市》掀起的网络狂潮，被网暴音乐人选择沉默以对。而杨坤的上述谨慎回应，似乎“忍无可忍”，虽然只有短短七个字，但明确表达了对网友“对号入座”式解读以及被网暴的不满，引人关注。

值得注意的是，在刀郎也选择沉默的情况下，主流媒体对《罗刹海市》火爆刷屏持客观、理性态度，呼吁不必过度解读，希望将讨论限于艺术评论范畴，避免曲解创作者原意，“以小人之心度君子之腹”，更不应捕风捉影、上纲上线，进而滑入危险的网暴漩涡。

实际上，隐喻本身就是一门艺术，中外音乐人都曾以此手法创作过别具一格的类型化歌曲，一般并不针对现实中的具体人物。还是让音乐回归音乐吧！一千个听众心中有一千个“哈姆雷特”。

刀郎的《罗刹海市》是否“内涵”特指某音乐人，见仁见智，但是，无论歌曲如何火爆，都不应成为别有用心者网暴他人的“护身符”。诚如前文网友所言，这场已然“跑题”的网络狂欢，“差不多可以收场了”。

原载：“红网”2023年7月29日

谨防网红主播成养老金“杀手”

2023年9月2日，坐拥千万“粉丝”的网红主播“秀才”账号被封禁，在社交媒体上引发热议。据知情人士透露，“秀才”近期被举报存在违法行为，这可能是他被封禁的部分原因。当晚，安徽省亳州市税务局一名负责人回应记者询问时称，确已收到针对徐某某（网名“秀才”）的举报材料，“涉及个人所得收入申报情况”，相关调查工作正在进行中。①

“秀才”曾被称为“中老年妇女收割机”，2023年8月中旬，他与同样有超千万“粉丝”的女主播“一笑倾城”的一场直播连麦PK，吸引了上千万人观看。大爷大妈深情表白刷屏，各种礼物刷个不停，像“火箭”“抖音一号”“嘉年华”等豪礼数不胜数。有网友调侃：这场直播“足以刷掉一个省老年人的退休金”，“堪比一个县的GDP”。

第三方平台数据显示，“秀才”和“一笑倾城”的“粉丝”半数都在50岁以上，前者“粉丝”76%为女性，后者“粉丝”80%为男性，其中六成来自三线及以下城市。可以说，这两位主播是一位位大妈大爷用流量捧红的。值得一提的是，“秀才”和“一笑倾

① 参见：“央视网”2023年9月3日。

城”的视频内容非常相似——开着背景音乐，对着口型唱歌，抿嘴、挑眉、抹头发，一张笑脸迎天下。动作很简单，内容同质化，大爷大妈们却为之“神魂颠倒”，每场直播都慷慨大方刷礼物，累计打赏金额难计其数，两位主播收入惊人。“秀才”账号涉嫌违法被封禁，恐怕与此不无关系。

这些平日里省吃俭用的大妈大爷，如此热衷打赏网红主播，引人深思。自媒体时代，大妈大爷属于“互联网移民”，对数字媒介认知普遍有限，常常混淆虚拟与现实，对互动性、娱乐性、传播性极强的直播缺乏应有的辨析力，容易做出非理性之举。再者，他们大多退休赋闲在家，有时间也有点钱，还有社交情感需求，一不小心就被网红的虚拟人设“俘虏”。

近年来，有识之士对“秀才”“一笑倾城”之类网红主播，利用近乎“完美人设”精准“收割”银发族，纷纷表示担忧。事实表明，这种忧虑并非杞人忧天，一些老年人非理性打赏主播近乎疯狂，如不加以引导、完善监管，网红主播很可能成为保健品和收藏品之外，“收割”大妈大爷养老金的又一“杀手”。

这种现象应当引起高度的重视。首先，银发族应提升自身数字媒介素养，增强识别虚拟边界的能力，理性围观直播；其次，年轻人不妨多关心、陪伴父母，提醒他们认知网络风险，守好自己的养老金；最后，各直播平台应负起审查监管责任，倡导文明直播，禁止主播利用不当方式，诱导大妈大爷非理性打赏。更为重要的是，监管部门应当压实各方责任，必要时考虑设置直播“护老模式”，对老年人打赏主播金额等予以设限，谨防网红主播成为养老金“杀手”。

原载：《河南日报》2023年9月6日[①]

---

① 转载：《楚天都市报》2023年9月8日。

市民莫名“被失信”不应成“无头公案”

不久前，媒体曾报道上海市民陈女士遇到的一件糟心事：她莫名其妙成了“老赖”。当时陈女士开开心心地等着出国游，谁承想，却被旅行平台告知，经“东航航空公司”反馈，她被列入了失信人员名单，还被限制了高消费，所以机票无法出票。①

记者调查发现，全国范围内，像陈女士一样上网投诉莫名“被失信”的网友还不在少数，同在上海的吴女士，就是其中之一，且比陈女士更糟心。吴女士在买机票时没遇到问题，最终却是在出国当天，到了机场才因“失信人”身份被拦下了。吴女士告诉记者，她是通过某平台购买了从上海到首尔的往返机票。2023年9月15日，她到浦东机场东航柜台值机时，被机场地勤告知“失信人不能值机”。

无奈之下，吴女士只能先回家，放弃出游。吴女士觉得，自己很冤枉，“失信人”是个很严重的指控。“我明明不是失信人，被说成是失信人，我心里特别难过。再加上本来高高兴兴和朋友去韩国看演唱会的，也没有看成，演唱会的票也损失了，还有精神上的折磨。”

① 参见：“东方网”2023年10月22日。

值得注意的是，陈女士等市民查询“被失信”缘由时，处处碰壁。他们先是向航空公司投诉，但有关人员表示，这件事情不归他们管，要找“中航信”系统。而“中航信”不接待个人，电话又无法打通。待上门了解情况时，“中航信”上海分公司的人员称，失信名单来自最高法，他们只是“给民航局做了一个黑名单系统”。

颇值得玩味的是，经媒体报道后，陈女士的“被失信”记录在事发一个月后被删除了，但修正主体是“中航信”还是最高法抑或另有机构，不得而知。记者去函“中航信”查询个中因由，一直没有得到正式回复，市民莫名其妙“被失信”，俨然一桩“无头公案”。

守法公民“被失信”并非个案，不时见诸媒体报道。当事人或先“被老赖”后“被失信”，或直接“被失信”，导致融资借贷、购房买车、交通出行等受阻，甚至寸步难行，受影响时间短则以月计，长则数年甚至十多年。市民一旦“被失信”，想平反修正征信，苦难重重，非费九牛二虎之力不可，不少人还是通过诉讼途径，才将征信修正过来。

数字化时代，公民的征信越来越重要，与日常工作生活息息相关。维护征信记录，关乎每个人的信用等级和社会形象，绝非小事。因此，认定、收集、使用公民征信的相关机构，有义务和责任确保每位公民征信的准确性，如发现有公民“被失信”，务必高度重视，第一时间予以修正错误信息，并且主动回应公众关切，找出问题根源，举一反三，堵塞漏洞，切不可讳莫如深、推诿扯皮，让市民“被失信”成为“无头公案”。

原载：“东方网”2023年10月23日[①]

① 转载：“人民日报客户端”2023年10月23日。

小心“好奇害死狼”[1]

近日，有网友发布视频称，青海可可西里的一头野狼因经常被过往游客和司机投喂，已经“判若两狼”，不但体型变得滚圆，还会向过往车辆摇尾巴、露肚皮撒娇讨食。之后，这头“被投喂”的野狼迅速走红，引发网友广泛关注和讨论。有网友调侃，这头狼已经变得“慈眉善目”，“不想努力了”……[2]

对此，有网友表示担心：随意投喂食物，可能使动物生存法则遭到人为干预。野生动物研究专家表示，自然界生态系统是一个复杂的食物链，动物生老病死、优胜劣汰是自然规律，投喂野生动物容易产生不良后果。青海野生动物救护繁育中心副主任齐新章就此表示：“我愿意相信投喂者的善良，但是善良需要理性的支撑，否则就可能好心做坏事。”

近年来，游客投喂动物的事常有发生，不时见诸媒体。一些地方的动物园、景区，经常可见好事者用日常食品投喂不同动物，长颈鹿、猴子、猩猩、黑熊、老虎等，都是游客喜欢投喂的对象。一些动

① 原标题为：野狼被喂成“网红”，小心“好奇害死狼”。

② 参见：“东方网”2023年10月23日。

物因此被喂成“胖墩”，变得行走迟缓、疾病缠身，管理单位不得不加强日常巡查，劝阻、制止胡乱投喂动物，以维护文明游览秩序。

尽管如此，上述野狼被投喂得“狗里狗气”“判若两狼”，依然值得关注。一来这些投喂行为发生在人烟稀少的可可西里野外，不在景区范围内；二来投喂对象并非动物界“善辈”，而是攻击性极强的野狼。这种情况下，好事者不顾危险投喂野狼，显然不属爱心善举，完全是寻找刺激、满足好奇心而已。

问题是，如此胡乱投喂，可能“好奇害死狼”。野生动物自有其生存法则，找寻食物是野狼最为重要的生存技能，保持野性则是其捕食猎物的前提条件。很难想象，一头失去野性以及自主捕食能力的野狼，可以在野外长久生存。这头被投喂成网红的胖野狼，长此以往，不可避免会产生对“投喂”的依赖，从而导致野性退化，有生存之虞，最终还可能危及种群生态安全。

常识表明，人类食物与动物在自然界的食物成分构成上差别较大，人类投喂的食物可能会让动物摄入过多能量导致肥胖和体能下降，食品中的添加剂、防腐剂等成分，也可能给动物健康带来隐患。事实上，游客投喂食物导致动物致病、致死的事件，时有所闻。因此，除非出现特殊情况，任何投喂动物的行为都应被明令禁止。对此，有关部门不可等闲视之。

人与生俱来有好奇之心，期望与动物互动也属人性本能。人与动物都是自然界生灵，互为“邻居”，各有生存法则，好奇而不投喂，偶遇而不“打扰”，保持适当距离，才是人与动物的最佳相处之道。

原载：《河南日报》2023年10月25日

二

谈经论政

“中国人的脸”真那么容易丢吗？[①]

这几天，一位中国老人在日本“碰瓷”的新闻引爆舆论场，且戏剧性极强，剧情反转很快，连央视都大篇幅报道，让人脑筋激荡，犹如坐过山车一般。先是有香港某网站称，有中国老人在日本东京“碰瓷”，讹了日本车主10万日元，并附上所谓的“证据”，即张贴在某街道墙上的一份“安民告示”。一时间，网上谴责老人“丢中国人的脸”的骂声不绝于耳，声声激动。两天后，日本那张贴“安民告示”的机构自我更正，并且道歉。原来，中国老人没有“碰瓷”，是被冤枉了。有媒体马上为老人正名，称“没丢中国人的脸”。

近来，剧情反转的新闻不少，这次中国老人在日本“碰瓷”的新闻，剧情反转这么快，已让人有“意料之中”的恍惚感。被“折腾”一番的公众，或是谴责某香港记者的不专业，或认为日本人还是有歧视中国人的嫌疑。其实，被“折腾”的不只是公众，还有“中国人的脸”。老人“碰瓷”新闻剧情反转之前，一些媒体和网民纷纷谴责老人丢了“中国人的脸”；剧情反转后，马上又改口称

① 本文获2016年度“红网”时评大赛佳作奖。

老人没有丢“中国人的脸”。笔者纳闷的是，这“中国人的脸”咋就那么奇怪，说丢就丢，说没丢就没丢呢？

一位老人，在家人的陪伴下，不远千里到日本旅游，在时下的中国是平常事，也是很私人的事情。她只是十三亿多中国人中的一员，其一言一行，由于历史文化传统的原因，多多少少会打上作为中国人特有的“烙印”，但更多的是个人文明素养的体现。虽然国人爱面子，但把个别国人的言行，与“中国人的脸”扯上关系，很容易犯方法论上的常识性错误，是典型的“一叶障目”“以偏概全”，与“盲人摸象”无异。把个别国人在外国的言行，动辄“上纲上线”评头论足，以丢不丢“中国人的脸”来贴标签，其实是一种认识论上的“幼稚病”。

“中国人的脸”由几千年历史沉淀而成，包含丰富的文化底蕴，烙有很深的“中国印”。在当下，“中国人的脸”则是有十三亿多中国人集体的形象写照，并不是某个人或极少数人想抹黑就可抹黑，想丢就丢的。一个老人在外国“碰瓷”，就把“中国人的脸”丢了，剧情一反转，又把“中国人的脸”捡回来了，“中国人的脸”就那样不值钱？世上有这么简单的事情吗？时下中国与世界各国交往频繁，中国人这么多，个别人在国外不够文明、检点的事情委实难以避免，但我们不必自我矮化，小题大做，一见个别国人在境外丢个垃圾、小孩便溺一次，就舆论起哄，大呼丢了“中国人的脸”，这种思维方式，不是维护了“中国人的脸”，而是轻视了“中国人的脸”，把“中国人的脸”搞得像瓷娃娃似的，一不留神就可碎在地上，极不严肃。

其实，“中国人的脸”没那么容易丢，容易丢的是某些媒体和网民看问题的态度。某些国人的不文明行为，充其量丢的是其个人的脸。国人的整体素质不断提高，但仍有提升的空间，这是事实；

个别国人的言行不能代表整体“中国人的脸”，一个老人在国外“碰瓷”与否，不应该简单地与“中国人的脸”丢与不丢画等号，这是常识。个别媒体和网民，还是先看看自己的常识有没有丢吧，别动辄拿“中国人的脸”说事。“中国人的脸”是不可能那么容易被个别人弄丢的，以前不会，以后也不会。

原载：“红网”2015年10月8日[1]

---

① 转载：《南国早报》2015年10月9日、“人民网”2015年10月9日。

规划“放卫星”或缘于吹牛不担责[①]

记者近期在多地采访发现，在特大城市限制人口、中小城镇扩容的情况下，一些中小城镇迫切希望加速发展，纷纷提出2020年、2030年人口倍增的目标。国务院有关部门数据显示，据不完全统计，截至2016年5月，全国县以上新城新区超过3500个，规划人口达34亿。这些规划如真能实现，则可容纳全世界近一半的人口。[②]

如果不是权威媒体的新闻，有人或许会怀疑其数据的真实性。遗憾的是，这不是“恶搞”。城市规划，是城市未来发展的蓝图，以发展的眼光，适度超前是应该的，但必须因地制宜，科学论证。以推进城市化进程的名义，结合实际规划新区，吸引更多农村人口进城，无可厚非。但是，规划总得有个谱，“放卫星”式的新城规划，脱离实际，根本不可能实现，不仅浪费资源，徒留笑柄，损害规划的严肃性，也有损政府公信力。

改革开放之初，由于经验不足、重视不够，我国城市规划均不同程度地存在滞后的问题。结果，一地规划制定没多少年，不断修改、扩充，甚至一些地方换一届领导，就换一个规划。进入21世

① 原标题为：规划“放卫星”或源于吹牛不担责。

② 参见：《新京报》2016年7月14日。

纪，城市规划工作得到长足发展，越来越受到领导重视、公众关注。特别是房地产业的高速发展，国家对土地开发控制趋严，土地越来越有价值，地方政府土地财政“依赖症”越来越强，土地资源越来越紧缺。在这种背景下，各地想尽办法用足中央政策，突破原有土地控制规划，增加建设用地，不惜“放卫星”，可以容纳半个地球人口的新城新区规划“横空出世”，也就不足为怪了。

问题在于，如此“放卫星”般规划，要不要有人担责？翻遍《中华人民共和国城市规划法》，看不到一款涉及规划失误应负责任的内容。规划行政主管部门工作人员，也只有在实施规划过程中，造成国家财产或人民利益遭受损失的情况下，才承担玩忽职守、滥用职权、徇私舞弊的法律责任。而对规划失误或“放卫星”，似乎无法可依，不必担责。如果吹牛规划如愿获批，意味着本地将增加大批建设土地，有地可转让，土地财政也有了进一步保障，何乐而不为？至于规划最终能否实现，能建多少房子，能吸引多少人入住，公众只能“呵呵”地听“下届分解”了。

俗话说，“吹牛不用上税”，意思是吹牛不必负责任。新城规划“放卫星”，归根到底在于规划吹牛不用担责。一个不争的事实是，改革开放三十多年，从来没有一个官员因为城市规划重大失误而承担法律责任。近年来，对行政不作为、乱作为、滥作为的问责越来越严厉，被列入终身追责的事项越来越多。虽然城市规划的制定有其复杂性、特殊性，但任性“放卫星”，吹破牛皮也不必担责，长此以往难逃折腾命运，难免造成公共资源浪费，最终必将伤害政府形象。因此，城市规划有重大失误时，让个别责任人承担应有的责任，也应该提上议事日程了。

原载：“红网”2016年7月15日[①]

① 转载：“新华社”2016年7月15日。

“外国人的脸”为何不容易丢？[1]

这两天，两则涉及个人文明素养的新闻引发关注，网络跟帖评论“待遇”迥异，值得玩味。

一则涉及中国人。一对宁波年轻夫妇跟团到日本旅游，离开名古屋所住酒店时，以为床下备用的多功能马桶盖是此前住店房客遗留的，于是拿走了。酒店发现后打电话给导游，并报警。经过一番交涉及查验，那对夫妇承认拿了马桶盖，并手写道歉书，归还了马桶盖。[2]

这是又一起国人在国外行为不检点的事件，媒体曝光后引起网络热议。网民义愤填膺，纷纷谴责那对年轻夫妇，“真丢中国人的脸”。类似新闻一“出街”，拿“丢中国人的脸”说事已成舆情的“套路”，不管是国人在景区吐了口痰，还是把脚放进喷水池，抑或是放任小孩随地撒了泡尿，只要是发生在国外，网民似乎不骂上一句“真丢中国人的脸”，不足以平己愤。

另一则涉及外国人。10月15日上午，三名说英语的外国年轻

① 本文获2017年度“红网”时评大赛佳作奖。

② 参见：“南方网”2016年10月20日。

人，竟然扛着自行车，逃票冲进了上海地铁站。工作人员发现后用英语耐心劝阻。没想到三人情绪激动，不停地用英语辱骂工作人员，并且做出不雅手势。一名热心乘客看不下去，用英语严厉批评了三名外国人，他们才有所收敛，连人带车离开了地铁车站。①

有意思的是，对三名老外肩扛自行车硬闯地铁站的严重违规行为，媒体和网民都给予了“最惠国待遇”。新闻报道不但没有提到他们的国籍，甚至还称他们为“国际友人”。网络跟帖评论虽一致谴责其行为，但用语较为理性文明，没人骂他们“丢某国人的脸”，甚至没人关注他们是哪国人。

同样是不检点的行为，同样是发生在外国（老外在中国也算在外国），为何媒体曝光后，国人所为就那么容易被骂“丢中国人的脸”，而老外却没被批“丢某国人的脸”呢？是“中国人的脸”容易丢呢，还是“外国人的脸”由特殊材料构成？在国人眼里，为何“外国人的脸”没那么容易丢？

其实，没有哪个人“不要脸”，也没有哪国人不怕丢脸。爱面子是人类的天性，不是中国人的专利。网民未将外国人在中国的不检点行为，与其国家面子扯上关系，只与其个人素质挂钩，是理性之举。而公众对国人在外国的不检点行为，动辄上纲上线，拿“丢中国人的脸”说事，则是情绪化表达，严肃不足，儿戏有余。

实事求是地说，随着对外交往越来越频繁，中国人在外国的不检点甚至是违法之举；同样，外国人在中国一样会发生类似的不检点行为。我们不必妄自菲薄，给外国人以“最惠国待遇”；也不必大惊小怪，动辄骂国人“丢中国人的脸”。“中国人的脸”和“某国人的脸”一样，是一个国家全体人民历史文化积淀的结果，个别

---

① 参见：“中国青年网”10月19日。

人不能代表整个国家，个别人的脸也不能代表某国人的脸。“外国人的脸”没那么容易丢，“中国人的脸”也没那么容易丢。

因此，想“顺走”马桶盖的年轻夫妇，其行为应该受到谴责，但他们充其量丢的是自己的脸，或是他家人的脸。他们不能代表中国人，“中国人的脸”没那么容易被他们“弄丢”，他们没有资格，我们也不会答应。

原载：“红网”2016年10月21日[1]

① 转载：《杂文选刊》2016年第11期。

税负重否不该如雾里看花

这几天，曹德旺吐槽中国税负过高的新闻引发热议。值得注意的是，像此前多次就税负重否引发争议一样，这次热议也是泾渭分明。说税负太重的，一般是企业家，或是有关专家学者；说不重的，一般是财税部门的官员，或代表官方的研究人员。

比如，天津财经大学教授李炜光认为，算上企业应缴的税和五花八门的收费，我国企业实际税负高达40%，堪称“死亡税率”。（见《新京报》2016年12月22日）而中国财政科学院副院长白景明认为，“死亡税率”是夸张说法，我国主要税种税率，在全世界并不是最高水平。（见《经济日报》2016年12月22日）国家税务总局税收科研所的李万甫也持同样观点，并批评“死亡税率”之说严重误导公众。（见“国家税务总局”网2016年12月22日）

在企业税负重否的问题上，这种意见不一的争论其实已持续多年。2007年，《福布斯》杂志公布全球税负痛苦指数排行榜，我国排在第三位，遂引发舆论热议。但是，官方否认我国税负偏高。不过，企业税负到底有多少？官方一直拿不出令人信服的数据，甚至经常自打嘴巴。比如，国税总局在2007年发布了一个中国宏观税负研究报告，认为我国宏观税负水平为18%。但是，数据一经发布便质疑声一片，很快被打入冷宫。2010年，财政部科研所所长贾康根据国际货币基金组织（IMF）的统计口径，计算得出2009年中国的宏观税负水平为25.4%。这一结论同样受到“非专业和一些半专业人士”的抨击。2010年7月，中国社科院财贸所发布的《中国财政政策报告绿皮书》中，以表格的方式清晰计算出，中国的宏观税负应为32.2%。2010年10月，国税总局局长肖捷在《求是》杂志上撰文《走出宏观税负的误区》，以2009年数据为准，同样以IMF统计口径测算得出，加上政府性收费和基金等非税收入，宏观税负约为30%。但在2011年两会期间，当时的财政部新闻发言人戴柏华通过“中国政府网”，对中国宏观税负做了一个正式回应，仍采用IMF的定义和口径，得出的结论是2010年税负水平为26%。

以上数据显示，连最权威人士给出的企业税负比率都互相掐架，其他专家或社会人士意见相左，也就毫不足怪了。也正因为如此，关于税负重否的争论一出现，各方给出的答案都难以服众，属于各说各话，无法给公众释疑解惑。相信此番曹德旺吐槽引发的热议，公众也无法得到权威的答案。

造成这种情况的原因，不外乎以下几点：一是关于税负的概念认识不一；二是横向比较国外税负的研究不深入；三是税负的统计口径有较大出入；四是研究者“屁股指挥脑袋”，有选择性地统计税负率。问题在于，企业税负不是“哥德巴赫猜想”，没理由找不到令人信服的答案。税负重否，不该让公众找不着北。

一国税制如何设计，是个复杂且“高大上”的问题。而一个国家的税负高低，则应该有个“接地气”的算法，而不是媒体几番口水仗后，多年下来公众仍然如雾里看花。

原载：“红网”2016年12月23日[①]

① 转载：《中国联合商报》2016年12月26日。

重大项目环评当戒“鸵鸟心态”

近日，南方“S市将建垃圾场”的消息在该市广泛传播。2017年3月16日，S市政府办公室在发布的《关于工业废弃处置中心项目有关情况的说明》中指出，该项目属于本地项目，已通过专家环评，且得到省环保厅批复。3月17日，S市发改局再次发布有关情况说明，强调该项目的环保工艺和处置设备有保障。当晚，市政府官员在街头回应群众时明确表示，该项目的立项已经终止；常务副市长也通过电视讲话，声明项目已终止。[①]

近几年来，各地不时有一些化工或环保项目，在选址、立项过程中，未能赢得所在地群众的理解支持，推进不顺，这是下下之策，也是无奈之举。这次S市环保项目几天内“夭折”，是最新案例。

虽然不同建设项目的“引爆点”有差别，但错判群众关切、低估民意决心，无疑是关键因素。从制度设计看，重大项目立项必须通过环评，环评又必设公众参与的问卷调查。从多年来的失败案例看，项目立项环评报告中，公众参与的问卷调查结果，从项目被公众广泛关注后的民意看，差别太大，让人不得不怀疑此前报批的是否“假报告”。S市项目的问题也出现在这里。

① 参见：“澎湃新闻”2017年3月19日。

据记者了解，一年前，该省环保厅对这个项目环评报告的审查文件显示，该项目大气环境影响预测与评价存在不足，环境防护尚未达到论证要求。而在公众参与情况一栏中，累计发放单位及个人（195份）调查问卷中结果显示，100%的团体受访者表示支持该项目建设，没有单位表示反对；81.8%的个人受访者表示支持本项目建设，18.2%的个人受访者表示无所谓，没有受访者表示反对。

从项目最初的民意调查看，没有任何单位和个人表示反对。但是，一年后的今天，四天内就收到了大量反对项目建设的意见，持反对意见的群众显然不是突然冒出来的。其实，当初只有195份的调查问卷，对一个涉及近30万人口的地区来说，问卷范围明显过于狭窄，即使调查全部公平有效，也无法反映真实民意。主办机构或许心知肚明，像这些多多少少涉及环境影响的项目，更大范围、更真实的民意，不是不想去收集，而是不敢去收集，生怕还未立项就被民意“搅黄”了。只好采取“走一步看一步”的策略，抱着侥幸心理，期待届时做做“不明真相”群众的思想工作，“见证奇迹的时刻”就会到来。

这是典型的“鸵鸟心态”。决策者理应知道项目选址有可能遭遇民意反弹，偏偏从一开始就想对此采取回避态度，敷衍了事，广大群众“后知后觉”时，难免有被愚弄之感，只会给项目带来更大被动。由于社会经济发展的需要，环保、化工类的项目不可能不建设。但是，随着国家对环保项目越来越重视，公众的环保和维权意识越来越强，对环评提出了越来越苛刻的要求。有关部门当戒“鸵鸟心态”，统筹好经济发展与社会和谐的关系，争取社会发展和群众满意度的最大公约数。否则，不仅可能耗费大量人力物力，还将损害政府公信力。

原载：“红网”2017年3月21日[①]

---

① 转载：“澎湃新闻”2017年3月21日、《甘肃经济日报》2017年3月23日。

“创卫”岂能把专家暗访当“敌情”

近日，一张题为《致广大出租车驾驶员的一封信》的传单照片在网上流传。该倡议信疑似由山东省枣庄市“创卫办”发布，要求当地出租司机发现疑似“创卫”（“创建国家卫生城市”的简称）专家来暗访时，通过暗号及时报告。7月7日上午，记者从枣庄市“创卫办”证实了此事。①

该倡议信要求，出租司机出车时要仔细观察，发现操外地口音、带有专业照相机、询问“创卫”工作的、专家模样的人员，要迅速通过专用暗号与当地“创卫办”取得联系。联系方法是，立即将统一发放的红色太阳帽置于左前挡风玻璃处，并在街头、市场等地遇到穿制服的工作人员时，鸣笛四声，以便工作人员及时辨认，待“专家”结账下车后，则务必要将红色太阳帽从挡风玻璃处取下。

专家暗访评估，是“创卫”评审工作的重要环节，也是让各级政府最为紧张的评估。从各地“创卫”实践看，一些城市多年来屡创屡败，大多与专家暗访评估环节被扣分有关。因此，每到专家暗

---

① 参见：“澎湃新闻”2017年7月7日。

访环节，各级领导高度紧张，采取某些特殊应对措施，不足为奇。不过，像枣庄这样，要求的哥通过暗号报告暗访专家行踪的奇招，还真是闻所未闻。

“创卫”暗访评估专家，手握评审大权，行踪飘忽不定，难以对付。仅依靠政府工作人员，难以掌握专家们的行踪，无法最大限度地阻止他们去到不该去的地方，看到不该看的东西，接触到不该接触的“不明真相”的群众，听到不该听到的声音。因此，不摸清暗访专家行踪，“创卫”可能功败垂成。在枣庄“创卫”进入冲刺阶段，专家暗访成为“创卫”成功的最大不确定因素。有关部门把出租车司机“武装”成“朝阳群众”，要求把专家暗访当发现“敌情”一样处置，无非是要“严防死守”，确保“创卫”成功。

问题在于，假如“创卫”不以一时成败论英雄，而以彻底改善城市形象和提高市民幸福感为依归，扎实推进，久久为功，有关部门有必要草木皆兵视暗访专家如“特务”吗？其实，答案不言自明，出此昏招，恰恰说明当地“创卫”可能存在实功虚做的问题。要的哥当“朝阳群众”，是毫无底气的心虚表现。

在我国，“创卫”工作已开展了很长时间，许多城市通过“创卫”，解决了发展中的一些“老大难”问题，提升了城市品位，提高了市民满意度，改善了政府形象。但是，不可否认，形式主义、“运动式”创建，在一些城市“创卫”中有不同程度的存在，百姓看在眼里，痛在心里。“创卫”工作人人有责，但在“创卫”关键时刻，要市民协助发现暗访评估专家行踪，实在是本末倒置，有违初衷，令人遗憾。

原载：《东方卫报》2017年7月9日

“吐槽医院饭菜难吃被拘”经不起法律推敲

日前，河北省邯郸市涉县媒体报道，城关派出所接到一起报警，称有人以“涉县新医院餐厅质差、价贵、量少，还是人民的医院吗？”为题，在百度涉县贴吧、微信群等传播帖子，对医院工作造成恶劣影响。接警后，该所立即组织民警展开调查，于2017年8月16日查明，信息发布者叫张某，6月初在医院就诊期间，因觉得饭菜一般，于是就在网上发布了这篇帖子。通过多方调查取证，警方查实张某涉嫌虚构事实，扰乱公共秩序，目前已被依法处以行政拘留的处罚。①

新闻发布后，引发网友关注。8月19日晚，邯郸市公安局官方微博发布消息表示，对于此事，邯郸市公安局高度关注，市局法制部门已责令涉县公安局严格以事实为依据，以法律为准绳，对本案的“事实、证据和法律适用”进行重新审核。如果存在执法问题，必须立即予以纠正。

吐槽食堂难吃，后果如此严重，令人意外，也引人深思。从报道看，警方已查实“张某涉嫌虚构事实”。不过，网友吐槽6月饭菜

---

① 参见：“人民网”2017年8月20日。

质量有问题，警方两个月后接到报警予以查实，这“事实”是如何调查取证的？是医院饭堂提供证据，还是网友直接口供承认？警方又如何认定涉事医院饭堂饭菜质量，如何判断饭菜的价格合适与否，网友发帖后又如何判定对医院工作造成了恶劣影响？如果这些疑问无法给出确切回答，警方的调查取证就可能有瑕疵，经不起推敲。

退一步说，警方调查取证程序合法，事实清楚，但适用法律准确吗？警方是以“扰乱公共秩序”为由，对张某采取拘留措施。《中华人民共和国治安管理处罚法》第二十五条规定，散布谣言，故意扰乱公共秩序的，处五日以上十日以下拘留，可以并处五百元以下罚款；情节较轻的，处五日以下拘留或者五百元以下罚款。从媒体报道看，张某的吐槽最多是夸大其词，或描述事实不准确，根本算不上“散布谣言”，并没有扰乱公共秩序，更没有导致该医院工作不能正常进行。对照上述条款，警方适用法律明显失当。

重视对舆情的监测，及时应对网络发帖，是各级政府的应有职责。在进入移动互联网时代的今天，区分网络发帖是吐槽还是谣言，是处置网络舆情的前提，需要做扎实的取证工作。与此同时，政府机构应对网络舆情有足够的自信和定力，做出科学合理的分析判断，不必“草木皆兵”，自乱阵脚，不管三七二十一，杀鸡祭出宰牛刀。这样做，表面看似乎应对迅速、处置有序，细考究，其实是反应过度，是另一种意义上的“应对失措”，既有损政府公信力，又与依法治国的理念背道而驰，值得有关部门反思。

原载：“红网”2017年8月21日[①]

① 转载：“新华社”2017年8月21日。

旅游惠民何必厚此薄彼

日前，江西有关部门推出多项旅游惠民活动。今年9月起至年底，江西省外游客凭身份证和南昌昌北国际机场航班机票（登机牌），一周内可享受5A级旅游景区大门票五折的优惠。[①]

每年9月至年底，是江西的旅游淡季，为提高旅游业收入，促进当地经济发展，推出优惠政策促销，正当其时。在我国景区门票普遍偏高的情况下，直接将门票打五折，是实实在在的让利，于那些对门票“敏感”的游客而言，无疑有吸引力。不过，优惠活动所附的限制性条件，疑似厚此薄彼，显得诚意不足。

该省有关部门发布的优惠办法规定，持有南昌昌北国际机场航班机票（登机牌）的游客，才能享受一周内大门票五折优惠。换句话说，除了乘飞机从南昌进入江西境内的游客外，从江西其他机场入境的外省游客，不得享受门票优惠。而乘坐火车、汽车等交通工具的外省游客，明摆着也被排除在优惠范围外。相对于乘坐其他交通工具，乘飞机进入江西境内，且指定只限于昌北国际机场入境的外省游客，无疑占比很小。而一项高调宣传的旅游惠民举措，实际

① 参见：“澎湃新闻”2017年8月27日。

只有小部分外省人才能享受，难免给人以“真噱头、假惠民”的感觉。

在乘火车和汽车都实行实名制的今天，完全可以凭借车票分清一个外省人是不是刚刚到达江西。可以说，通过火车票、汽车票来区分外省人到达江西的日期，与飞机票功能一样，没有任何技术障碍。有关部门之所以不给乘飞机以外的其他外省人以门票优惠，无非是挑拣客人而已。一般来说，乘飞机到达江西南昌的游客，相比乘坐火车汽车而至的游客，从距离来说是远客，从数量上来说是稀客，从消费能力看则是豪客。尽地主之谊，给他们以优惠，是好客之道，无可厚非。但如果厚远客而薄近客，厚稀客而薄常客，厚豪客而薄“小”客，不给乘飞机到达南昌以外的所有外省游客同等优惠，则是嫌贫爱富，涉嫌歧视。

在某个时期内，各地为吸引游客采取一些五花八门的优惠措施，这种新闻不时见诸媒体。这种优惠办法，即使只是针对部分游客（如外国游客），只要没有明显的歧视性限制，外人也难以置喙。但是，此番江西有关部门推出的旅游惠民举措，把外省游客来个“三六九等”的区分，名义上是惠及外省人，实际是厚此薄彼，绝大多数乘火车、汽车前往江西旅游的外省游客，只能望“惠”兴叹。如此旅游惠民，限制多多，噱头多于实惠，像某些不良出租车司机挑拣客人一样，并不厚道。望三思而改之。

原载：《中华工商时报》2017年8月30日

“一生一世酒”是噱头，不是甜头

“双十一”临近，商家们纷纷推出各式促销活动。近日，有网友发现在某电商平台上，某酒类商家推出了“一生一世酒”，客户在“双十一”当天支付11111元，即可每个月收到商家寄送的一箱酒，直到客户过世。记者联系到该商家核实，此活动为真。[①]

“一生一世酒”原价99999元，“双十一”打折促销价11111元。商家承诺，如果购买人五年内发生意外，其直系亲属可以继续享受这个特权。若自2017年11月11日起三十年内，公司无法兑现上述权益，消费者可向公司申请按照实际支付金额全额退款。

每年“双十一”，商家都会推出五花八门的促销活动，以吸引消费者眼球。2017年“双十一”，一些商家们似乎玩腻了传统意义上的直接打折降价促销，玩起了“深沉”和“套路”，常见的有“定金翻倍”“支付满减”“购物津贴”“凑单优惠”等，没学过奥数的消费者会被绕晕，忙乎半天，可能一点好处都捞不到。

对照而言，有酒商承诺，不分男女老幼，只要花11111元就能一辈子喝酒无忧，疑似良心促销，看起来很美。不过，俗话说，买

① 参见：《北京青年报》2017年11月8日。

家永远没卖家精，商家不是慈善家，促销不是布施，“一生一世酒”，可能是噱头，不是甜头。

首先，这种酒是否适合你自己，还真是个问题。萝卜青菜，各有所爱，适合自己的才是最好的。这种半买半送的酒，假设商家真能给你提供一辈子，几十年喝一种酒，酒商做得到，你未必能做得到。

其次，商家这是“天上掉馅饼”，何缘何故会砸到你头上？支付11111元，即可“一生一世”有酒喝，问题是，限额供应面前，作为普通消费者，你能保证“秒杀”到“馅饼”吗？“秒杀”失手，你能确定不是商家精心设计的结果吗？

再者，更重要的是，对商家“放卫星”式的承诺，你一认真就输了。据统计，世界上跨国企业的寿命只有10—12年，我国民营企业的平均寿命只有2.9年，每年约有100万家民营企业破产倒闭。这种情况下，你能确定该酒商生存期能超过平均寿命吗？能确保它不属于每年倒闭的100万家企业之一吗？它万一破产时，你真能收到如数退回的款项吗？按照现有《企业破产法》，除非只有你一个债权人，且商家的破产财产被优先分配后足够支付你的债权，否则，商家“一生一世”任你喝酒的承诺，如同一张白纸。

“双十一”购物节已进入第九个年头，针对近年来越来越多的消费投诉，2017年“双十一”前夕，全国多地政府部门不断发出消费警示，呼吁大家精明消费，避免陷阱。说到底，11111元买“一生一世酒”，属预付式消费，这种消费模式，预付款越多，时间越长，风险就越大。消费者还是别被眼花缭乱的促销遮望眼，认清哪是噱头、哪是甜头，把噱头当甜头，难免要吃苦头。

原载：《山东商报》2017年11月9日

“玩命直播”为何玩出人命？

近日，有网友爆料称，自称国内极限高空挑战第一人的网络直播博主“极限-咏宁”（以下简称“咏宁”）于2017年11月8日后再未在社交网络账号上更新，疑似已失手坠楼而亡。12月8日下午，湖南长沙警方证实了这一消息。

“咏宁”本名吴永宁，1994年出生于长沙，是家中独子，曾做过武打群众演员，近年来爱上极限运动。2017年2月以来，他频繁攀上大城市地标性高楼，在无任何保护下玩出惊天动地的大动作，并通过平台手机直播，接受“粉丝”打赏，瞬间吸粉超过百万人，被网友称为“玩命直播”。“咏宁”不幸失手身亡，令人痛惜，也引人深思。

极限运动被一些人称为时尚运动，世界上不乏爱好者，它可以给精力旺盛又喜欢刺激的人以极大的满足感。应该说，在安全措施有保障的情况下，极限运动的风险还是基本可控的。但是，在移动互联网时代，个别爱好者为追求更大刺激，吸引更多关注，不惜丢掉保护装备，在高空做出堪称玩命的惊险动作，“玩命直播”，令人看后心惊肉跳。俄罗斯、美国等国都曾发生过极限运动爱好者玩自拍而不幸身亡的事故。

生命在于运动，但任何运动都必须秉承生命至上的理念，极限运动也不例外，“咏宁”的意外身亡，应该给“玩命直播”敲敲警钟了。虽然网络直播不是“咏宁”失手的直接原因，但直播带来的影响力，以及因此收获的“粉丝”打赏，无疑是“咏宁”欲罢不能且越来越搏命的无形推手。“咏宁”的朋友，另一个高空挑战爱好者巴克直言：“我觉得网络视频害了他，因为有‘粉丝’打赏之类的。”“咏宁”坠楼，网络直播这只无形的推手恐怕难脱关系。

在逐利资本的推动下，近年来，网络直播野蛮生长之快、之乱，令公众猝不及防。一段时间来，经过有关部门的强力整治，许多靠低俗、暴力、敏感话题、违法活动等吸睛吸粉为主的直播平台受到整顿处罚，直播乱象有了很大改观。遗憾的是，2017年初以来，“咏宁”频繁在高空直播极度惊险的动作，只见“粉丝”越涨越多，却不见相关平台出手干涉。事实上，在公共设施、商业大厦、大桥高塔等建筑物攀爬，明显属违法行为，公安机关完全能以扰乱公共秩序之名进行治安处罚。对拿生命开玩笑的直播账号，网络直播平台理应第一时间进行查封。因为，这种“玩命直播”的“粉丝”越多，影响越大，效仿者也可能越来越多；与此同时，直播者受到持续鼓励，越玩越起劲，越玩越惊险，最终玩出人命也就不足为怪了。

高空极限运动并非无禁区，网络直播平台不能无底线，监管不该留死角，敬畏生命不得有例外。“咏宁”之死引发的反思不该停留在声声叹息中，相关网络平台，对“玩命直播”之类的账号，不该视而不见，应该毫不犹豫地对其予以封杀，且越早越好，等玩出人命才“高度重视”就迟了。

原载：“红网”2017年12月10日[①]

① 转载：《故事家》2018年第3期。

"禁带手机"也是两会"好声音"

全国两会年年开，年年都有"好声音"。今年两会正在北京召开，各式"好声音"此起彼伏。其中，有《政府工作报告》中振奋人心的经济数据、直接普惠于民的"大礼包"、未来五年的美好愿景，也有部长、代表通道中传递出的鼓士气、接地气的满满自信，还有各地代表与大家分享家乡巨变的喜悦，以及"谁不说俺家乡好"的自豪。

当然，两会"好声音"远不止这些。据2018年3月10日《人民日报》报道，全国两会会风会纪建设不断改进、完善，2018年更是"严"字当头，"实"处着力，体现了新风采、新风尚。其中，第一次提出禁止携带手机进入人民大会堂开会，无疑是最值得称道之举。

当下的手机，早已不是简单的通信工具，其强大的智能化功能颠覆了最大胆预言家的预测，也颠覆了人们的使用习惯。手机带来极大便利的同时，也让人极易产生依赖，"副作用"凸显。情不自禁"玩"手机，成了许多大型会议禁而不止的"牛皮癣"，全国两会也不例外。

往年的两会，由于不限制与会者带手机入会场，许多代表委员进入会场后，纷纷拿起手机拍照，或是拍摄会场盛况，或是代表间合影，或是自拍，或是互拍，好不热闹，宛如游客进入新景点；而他们兴冲冲拍照的场景，往往又成了媒体记者镜头中的画面。会议开始后，有的代表按规定关闭手机，有的代表将手机调至静音状态。事实上，从新闻报道公开播出的电视画面看，不时可以看到仍有个别与会者违反规定，在会间偷偷“玩”手机，或是拍照，或是刷屏，这些扎眼的镜头与两会庄严肃穆的氛围，显得格格不入，违和感明显。

全国两会，是我国人民政治生活中的大事，也是每年最重要的会议。能当选两会代表委员是无上荣光，聚精会神开好会是代表委员们的应尽职责，开会“玩”手机，就是“开小差”，违反了会议纪律。遗憾的是，开会“玩”手机，已成各种大型会议会风建设的“顽疾”，禁而不绝，几成公害。这与参会者纪律性不强有关，也与会纪措施不力有关。如今，两会明令禁止携带手机进入会场，无疑是对症下药之举，带来了一股“严”“实”新风，有利于代表委员们专心致志履职，也有利于维护两会的严肃性，是实实在在的两会“好声音”。

会风体现作风，作风连着民心。两会禁止携带手机入会场，是改进会风的需要，也是深得民心之举，更为地方各级大型会议树立了榜样，值得点赞，也值得各地学习效仿。人们有理由热切期待，这种两会“好声音”，走进代表委员们的心，走出人民大会堂，走向全国各地大型会议的礼堂。

原载：“红网”2018年3月11日[1]

① 转载：《消费时报》2018年3月13日。

99%大闸蟹被假冒，阳澄湖为何不生气？[①]

据统计，2017年全国大闸蟹总销售额为778亿元；其中，阳澄湖大闸蟹约为300亿元，占比约39%。但2017年阳澄湖大闸蟹的真实产量为1600吨左右，市值差不多只有3亿元。据此推算，目前市场上99%的阳澄湖大闸蟹是冒牌货。[②]

近年来，市场上销售的阳澄湖大闸蟹“九假一真”，早已成市场尴尬共识。随着阳澄湖大闸蟹知名度越来越高，假冒手法越来越多元化。从“早产蟹”“洗澡蟹”“旅游蟹”“过境蟹”“亲戚蟹”，到假蟹防伪环、假出产地证明、假专卖店，甚至出现假“蟹券”，一条龙服务，宛然产业化一般。线下实体店、线上专卖店，“阳澄湖大闸蟹”横行市场，但消费者花大价钱买到的是否正宗阳澄湖特产，只有天知地知螃蟹知。

多年前，当地有关部门曾开展打击假冒阳澄湖大闸蟹行动。遗憾的是，这些打击行动雷声大雨点小，高举轻放，收效不大，假冒活动反而乘机愈演愈烈，正宗阳澄湖大闸蟹占比越来越小，直降至

---

① 本文获2019年度“红网”时评大赛佳作奖。

② 参见：《新京报》2018年9月25日。

约1%。如今，又到秋蟹上市时，冒牌阳澄湖大闸蟹又上媒体头条。从近期舆论动向看，当地政府按兵不动，并没有出台针对假冒阳澄湖大闸蟹的强力打击措施。人们不禁要问，99%大闸蟹都被假冒了，阳澄湖为何不生气？

如此大量的阳澄湖大闸蟹是“李鬼”，打假不力是根本原因，有关部门难辞其咎。这里有造假成本太低、打假成本太高的因素，有法不责众的困境，也有“杀敌一千自损八百”的忧虑，担心消费者“错杀”正宗大闸蟹。而更重要的，恐怕是当地利益攸关方与各式假冒行为有说不清道不明的“暧昧”，他们借助“东道主”的地利优势，与不法假冒行为有意无意地进行“勾兑”。很难想象，像“洗澡蟹”之类近乎明目张胆的假冒，没有当地人的配合可以完成。在当地有些人看来，大闸蟹真假或许并不重要，重要的是“东道主”在假冒“大蛋糕”中分到多少杯羹。可以说，假冒阳澄湖大闸蟹，事实上已捆绑了当地许多个人和团体的利益。如此一来，投鼠忌器，打假难免演变成“假打”。

任何假冒产品的行为都是违法的，假冒阳澄湖大闸蟹也不例外。任由冒牌大闸蟹行销于市，不仅损害消费者权益，破坏市场秩序，阳澄湖大闸蟹品牌价值也必然因之受损，最终妨碍当地养殖业健康发展。一个国家地理标志产品99%是冒牌货，不可思议。因此，面对大闸蟹被大量假冒的残酷现实，阳澄湖没有理由不生气，必须拿出壮士断腕的勇气，该出手时就出手，还消费者以安心，还市场以公正，也还正品阳澄湖大闸蟹以“公道”。

原载：“红网”2018年9月25日[①]

① 转载：“新华社”2018年9月25日、《现代阅读》2018年第12期。

破格提拔干部的理由不该只字不提

日前，广西岑溪拟破格提拔一女干部引发关注。据中共岑溪市委组织部发布的任前公示，该干部是“70后”，中专学历，破格情形是“没有具备大学专科以上文化程度”，破格理由是“树立注重基层和实践的导向”。①

破格提拔干部时，任前公示予以特别注明，无疑是一种进步。根据工作需要，个别德能勤绩特别突出的干部被破格提拔重用，符合新时期党政领导干部任用规定。不过，上文女干部任前公示中提到的破格理由值得商榷。

2019年3月17日修订实施的《党政领导干部选拔任用工作条例》第九条规定：“破格提拔的特别优秀干部，应当政治过硬、德才素质突出、群众公认度高，且符合下列条件之一：在关键时刻或者承担急难险重任务中经受住考验、表现突出、作出重大贡献；在条件艰苦、环境复杂、基础差的地区或者单位工作实绩突出；在其他岗位上尽职尽责，工作实绩特别显著。”

纵观条例，“树立注重基层和实践的导向”并不属可以破格提

① 参见：《广西日报》2019年5月10日。

拔的情形。显然，上文所述任前公示的文字表达出现偏差，误把破格提拔的目的，当成破格提拔的理由。至于该女干部被破格提拔的真正原因，即德能勤绩方面的表现，付诸阙如，只字未提。

今年以来，破格提拔干部不时见诸媒体。他们有“70后”“80后”“90后”，破格情形多是基层工作经历不足两年。值得注意的是，从有关部门发布的任前公示来看，除极少数外，大多都有明示破格提拔的情形。但是，公众最为关心的破格提拔理由，没有一份任前公示有专门交代，这不能不说是一种缺憾。

破格提拔干部，责任重大，影响深远，公众关注度高，务必从严要求。其提名、考察的过程和结果，要经得起组织考验和公众拷问。对属于破格提拔的，任前公示有必要区别对待，简述破格理由，让公众了解该干部在哪些方面有突出表现、作出何种显著成绩。这是满足公众知情权的需要，也是体现“公平、公正、公开”原则的基本要求。

干部提拔任前公示，是选拔干部的必要程序，是群众行使监督权的重要环节。现有政策对公示对象、范围、内容、方式、时间等，都有明确规定。遗憾的是，对属于破格提拔的，只要求公示破格情形，没有明确必须公示破格理由。于是，只字不提破格提拔理由，成了各地干部任前公示的“默契”，这与“破格从严”的精神显然不符，值得有关部门高度重视。

原载：《人民政协报》2019年5月20日

彩民弃奖超25亿元，凸显彩票销售短板[①]

近日，“财政部网”公布2018年全国彩票公益金筹集情况。2018年，全国发行销售彩票51147173万元，共筹集彩票公益金13387498万元，其中逾期未兑奖金251277万元。

据检索资料，与2017年相比，2018年全国销售彩票同比增加8480264万元，增幅接近20%；逾期未兑奖金同比增加66943万元，增幅超过36%，创历史新高。据《公益时报》不完全统计，2018年我国彩民仅500万元以上大奖弃奖事件达23起，最高单笔弃奖为2095万元。

值得注意的是，我国彩民弃奖金额连年增高，从2013年的16亿元，至2018年逾25亿元，六年累计弃奖超107亿元。从筹集到的彩票公益金看，107亿元弃奖占比不算大，但绝对值堪称“天量巨款”，特别是对弃大奖彩民而言，错失的可能是改变家庭命运的千载难逢机会，这一现象，值得有关部门高度重视。

彩民弃奖，主要原因有两点：一是不知道所购彩票中奖；二是中奖金额太小，懒得去指定销售网点领奖。根据兑奖规则，5000元以

---

① 原标题为：中国彩民弃奖超25亿元，凸显彩票销售短板。

上的奖金，彩民要到市级或省级彩票发行机构领取，其他奖项到就近销售网点兑奖。大额奖金遭弃领，显然是彩民不知彩票中奖所致。

出现这种情况，粗看是彩民“马大哈”，实际上却凸显了彩票兑奖管理的短板。主要体现在彩票发行机构，缺乏主动向中奖彩民推送中奖信息的手段和机制，造成许多“马大哈”彩民，与大奖擦肩而过。

进入5G时代，规定彩民必须自主核对中奖信息的“老黄历”该翻篇了。彩票发行方，有必要出台新规，要求销售彩票时，在取得彩民同意的情况下，将彩民提供的手机号码，与其选定的当期彩票号码一并输入电脑。彩票开奖后，系统自动向中奖彩票对应手机号码推送中奖信息，让彩民在第一时间收到开奖信息。这样，彩民弃奖现象，必将大幅减少。

彩票兑奖与销售一样，都是彩票发行工作的重要组成部分，二者互相影响，不可偏废。未兑奖金长期居高不下，给部分彩民带来重大损失的同时，也不利彩票发行的健康发展。因此，彩票发行机构与时俱进，改进销售管理措施，主动向彩民手机推送开奖信息，现实中有必要，技术上也可行，一举多得，何乐不为？

原载：“红网”2019年9月6日[①]

① 转载：“人民日报客户端”2019年9月7日。

医保价格谈判不能总靠“灵魂砍价”

“4.4元的话，4太多，中国人觉得难听，再降4分钱，4.36，行不行？”这几天，一段“灵魂砍价”视频在网上疯传，网友纷纷点赞。视频来自国家医保价格谈判现场，谈判专家“锱铢必较”，正对药企代表喊话“砍价”，最终该药品以10毫克4.36元中选。①

这场“圈粉”无数的谈判，是国家医保局2018年5月挂牌以来，与药企进行的第三次药品准入谈判。150个谈判药品中，共有97个药品谈判成功，全部纳入医保目录乙类药品范围，价格平均降幅达60.7%，且进口药品基本都拿到了全球最低价。此前，第一次抗癌药集中谈判，有17种抗癌药中选，药价平均降幅达56.7%；第二次药品带量采购谈判，有36个药品中选，药价平均降幅达52%。

谈判准入，是国家医保药品目录准入方式的重大创新。每次谈判前，国家医保局都要组织专家对拟谈判类型药品，进行质量评审，并结合我国经济发展水平测算经济成本，参考不少于10个国家的同类药品价格，以提高谈判的科学性。

从三次医保价格谈判结果看，中选药品价格被挤掉大半“水

---

① 参见：“人民网”2019年12月1日。

分”，患者用药负担大幅减轻，目标基本实现。不过，从建立医保价格谈判长效机制看，这种谈判不能总靠“灵魂砍价”。

首先，“灵魂砍价”不乏个人色彩，与谈判专家个性高度相关，缺乏可复制操作性；其次，“灵魂砍价”有点随意，欠缺科学依据，假如药企当时出价少了个“4”，专家或许无法“灵魂出窍”；最后，“灵魂砍价”实力“圈粉”后，再进行谈判时，药企代表自然“吃一堑长一智”，报价尽量避开“4”字，谈判专家难以“故伎重施”。

“灵魂砍价”，体现了谈判专家灵活机智的谈判技巧，以及分毫必争的高度责任心，值得点赞。但是，从长计议，医保价格谈判不能总靠“灵魂砍价”，而应在把握好“以价换量”总方针的前提下，依靠严谨的大数据分析、全球视野的广阔思维、科学的药品成本测算方式、知己知彼的战术运用，以及公平透明的谈判平台、公正严明的谈判纪律。只有这样，才能百战百胜，将越来越多的好药、“贵族药”，谈成平价药、百姓药，并达成国家、老百姓、医院、药企多方共赢的良性局面。

原载：“红网”2019年12月2日[1]

① 转载：《河南日报》2019年12月3日。

地铁“关站水位线”也是生命财产保障线

针对近期汛期降雨较为集中、排水防涝风险形势严峻的特点，广州地铁对超过设计暴雨强度等极端情况下列车停运、乘客疏散、车站关闭等应急处置措施进行模拟复盘，根据出现极端条件的不同程度影响，制订出入口关闭、车站关闭、区段停运、线路停运、线网停运五种不同程度的停运措施，并明确相应的启动条件。①

此前，广州地铁设有出入口防洪警戒线，如今新增“关站水位线”，明确地铁出入口、安全疏散口水位达到“关站线”时，将直接关闭受影响车站；当外部道路大面积遭水淹，且积水漫进车站，导致有水流入轨行区等影响列车运行时，将采取区段停运或全线停运等应急处置措施。

设置“关站水位线”，可以提高地铁运营应急预案的操作性。原来设置的防洪警戒线，虽然明确了启动应急响应的条件，但如何实施具体应对措施存在含糊空间，操作性不够强，处置不当，可能造成不可挽回的损失。有了“关站水位线”，地铁运营设施遭水淹突发情况时，当事单位或个人可以依据具体指引，及时采取“关

---

① 参见：《南方日报》2021年8月6日。

站”“停运”“疏散乘客”等应对措施。

设置“关站水位线”，还可以提高应急响应效率。按照原有的防洪警戒线，应对地铁突发水淹紧急情况，当事单位或个人拟采取应急措施时，还面临实施何种处置措施的选择以及向上级请示汇报的问题，无权自主采取“关闭”车站等应急措施。有了“关站水位线”，地铁运营突发险情时，当事单位和个人不必层层请示汇报，不用坐等上级命令，即可自主决定应对措施，提高响应速度，赢得抢险先机。

地铁已成为我国许多大城市的重要公共交通工具，每天都有千千万万市民搭乘地铁出行，其运营状况不仅涉及城市交通秩序，还影响广大市民工作、生活，事关市民生命和财产安全。洪涝灾害是我国城市地铁运营中常见的突发险情，广州地铁设置“关站水位线”，是完善地铁应急响应机制之举，为应急预案打“补丁”，以提高应急响应水平，最大限度降低灾害带来的损失。因此，从这层意义上说，地铁“关站水位线”也是生命财产保障线。

值得一提的是，今年入汛以来，我国部分城市遭遇特大暴雨袭击，地铁运营面临重大安全挑战。个别城市运营中的地铁灾情严重，出现车站被淹、车厢浸水等突发险情，有关部门在应急处置过程中，响应迟缓，应对失据，错失黄金救援时机，造成重大生命和财产损失，教训极其深刻。广州地铁设置“关站水位线”，令应急处置机制更完善、响应举措更具体，也更具操作性和执行力，可以更好地保护市民生命财产安全，值得点赞，值得借鉴。

原载：“东方网”2021年8月7日[①]

① 转载：浙江卫视2021年8月7日。

这个“负面清单”可以有

据“澎湃新闻”报道，记者检索多家政府网站发现，不少政府网站上还存在大量泄露公民个人隐私的信息。这些信息，有的发布在2017年之前，有的是2019年12月刚刚发布的。数量之大，涉及面之广，令人惊叹。

涉及的主要问题是，在公示廉租房申请、保障房实物分配、危房改造、计划生育家庭奖励扶助金等方面，公布了申请人完整的家庭住址、手机号码、身份证号码，让这些重要的个人信息“裸奔”，引发公众关注。

公民个人隐私信息泄露带来的危害不言而喻。近年来，有关部门加强对相关行业的管理，出台了许多防范措施或工作指引。司法机关加大了对买卖个人信息、泄露他人隐私的打击力度，惩处了一批违法犯罪分子。

值得注意的是，随着社会管理逐渐向精细化、科学化、便利化方向推进，各单位对公民个人信息的索取越来越频繁，个人隐私保护与信息公开之间面临着越来越复杂的矛盾。与此同时，不同单位对个人隐私的内涵理解不一，所采取的保护措施不同，执行力度有异，成效自然也有差别。

事实上，对泄露公民个人隐私，宪法、民法、刑法均有条款明令禁止，并规定了应当承担的法律责任。一些负有保护个人信息职责的行业或部门规章，也对此制定了较为详细的操作指引。这种情况下，政府官方网站为何还会大面积泄露公民个人隐私呢？

很重要的原因是，对什么是“个人隐私”的内涵及外延理解不一。各部门出台的现有法规，大多只是笼统地要求“保护个人隐私”，并没有为此列出“负面清单”，即：没有明确哪些信息属公民个人隐私，禁止公开；由此造成执行标准不统一，各自为政，披露信息尺度差别较大。比如，不同地区的政府网站，公示同类项目的内容，对家庭住址、手机号码、身份证号码等信息，有的网站完整公布出来，有的则隐去关键信息，或进行模糊化处理。

出于精细化管理和便捷化服务需要，公民有必要让渡部分个人隐私。但是，这种让渡是有条件和有限度的。公民隐私频遭官方网站泄露，说明保护个人隐私任重道远。有关部门必须精准施策，尽快出台保护公民隐私的“负面清单”，让不同单位和部门执行清晰且统一的标准。这样，才能更有效地堵塞漏洞，避免陷于公民个人隐私无处“躲藏”的窘境。

原载：《河南日报》2019年12月30日

奖励拾得人，无损拾金不昧“含金量”

2021年1月8日，广州市政府常务会议审议通过了《广州市拾遗物品管理规定》（以下简称《规定》）。该《规定》明确提出，接收单位在接受拾得人送交的遗失物时，应同时向拾得人开具送交遗失物的相关凭证；对拾金不昧或处理拾遗物品有显著成绩的单位和个人予以奖励和表扬；公安机关应按拾获财物价值10%的金额对拾得人给予奖励。①

其实，2015年10月广州已出台相关规定，明确拾得人可获拾得物价值10%的报酬。这次市政府是对原《规定》做适当修订，目的是完善拾遗物品管理制度，明确相关单位管理责任，更好地维护遗失物所有权人和拾得人利益，旗帜鲜明地褒奖好人好事，有利于形成拾金不昧的社会风尚。

拾金不昧是中华民族的传统美德。从古至今，许许多多路不拾遗的精彩故事，让拾金不昧的美德在潜移默化中得以传承和发扬。随着社会经济快速发展，物质不断丰富，人员流动越来越频繁，集体和个人财物遗失现象越来越多。与此同时，拾金不昧行为也越来

① 参见：《南方都市报》2021年1月9日。

越普遍。

为了鼓励拾金不昧，许多单位对拾得物价值较大的拾得人，予以物质和精神奖励。颁发奖金的单位，一般是拾得物所有人或者是拾得人所在单位。由于缺乏统一参考标准，各地各单位奖励标准不同，金额大小不等，让人难以适从。如今，广州市以官方文件，明确公安机关应对拾得人奖励拾得物价值10%的报酬，无疑是一种观念进步，值得肯定。

有观点认为，政府层面出台文件支持奖励拾得人，掺杂“交易”成分，少了些纯粹和高尚，令拾金不昧“变味”。实际上，拾得人拾得遗失物，要交给公安机关等单位，往往需付出精力和金钱。对拾金不昧进行奖励，是对这种行为的充分肯定，可以某种程度上补偿拾得人损失，还有利于正向激励社会风尚，引导、鼓励更多人路不拾遗。

他山之石，可资借鉴。有不少国家都立法规定，拾金不昧可获奖励。如：德国相关法律规定，遗失物拾得人一般可得拾得物价值5%的报酬；日本有关法律规定，根据不同情况，拾得人可获拾得物价值5%以上、20%以下数额不等的报酬。由此可见，政府机关奖励拾金不昧，不是心血来潮的立法冲动，而是一种法律理性，有利于厘清各方权责义务，不仅无损拾金不昧“含金量”，反而有助于路不拾遗蔚然成风。

原载：“东方网”2021年1月10日①

① 转载：《梅州日报》2021年1月11日。

“豹纹芒果”上市？商品标签文字不容玩“暧昧”

2022年5月28日，“豹纹芒果究竟是何物”的话题登上热搜。网传视频显示，有人正在售卖“豹纹芒果”，售价两元一斤。记者注意到，售卖的芒果上有大量黑色斑点。一位经营了二十八年水果店的李先生表示，他从未听说过“豹纹芒果”这个品种。“看视频里，这些所谓的‘豹纹芒果’，应该就是普通芒果，只是出了点问题。”李先生判断，“芒果出现黑斑，可能是芒果在运输过程中受到了挤压，也可能是冷冻导致，最严重的情况，可能是被虫子咬了。”①

换句话说，所谓“豹纹芒果”，就是不新鲜、有瑕疵的芒果。有意思的是，在视频评论区，“豹纹芒果”的真面目被知情者揭穿后，仍有网友大赞商家有“语言天赋”，给有明显瑕疵的芒果，起了一个“唯美”“暧昧”的商品名称。事实上，“豹纹芒果”引人遐想，一些大意的消费者容易误认为是新品种，进而被勾起消费欲望。

值得注意的是，玩“暧昧”的商品不止“豹纹芒果”，“仰泳鲈鱼”“会睡觉的鱼”“芝麻香蕉”等，很早就已出现在南方一些农贸市场上。这些名称另类的商品，与“豹纹芒果”一样，其实就是

① 参见：“极目新闻”2022年5月29日。

有瑕疵的“处理品”“残次品”“等外品”。

《中华人民共和国价格法》规定，商品销售实行明码标价。商品价格标签必须标注规范，主要内容包括：商品编号、商品名称、产地、保质期、计量单位、单价、价格形式等，要求书写准确、醒目、易懂、美观，不错不乱。“豹纹芒果”之类的商品标签，生搬硬造了另类商品名称，涉嫌违反了《价格法》关于商品标签的填写规范。

此外，撇开这类玩“暧昧”的商品能否食用不谈，将有瑕疵的商品，通过“美化”商品价格标签的方式，用自创语言“修饰”商品名称，一定程度上误导了消费者，涉嫌侵害了消费者知情权，违反了《消费者权益保护法》有关规定。

不管是“豹纹芒果”，还是“仰泳鲈鱼”，这些看似不乏“创意”的另类商品标签，实际上内含不容忽视的违法事实，对此，有关部门不得不察。商品标签是商品的基本身份标志，它不是可任意打扮的小姑娘，而是有着严格规范的填写要求，对商品名称添加任何修饰性词语都是多余的，也是违规的。诚实守信乃营商之本，商家在商品标签文字上玩“暧昧”打小算盘，有意无意掩饰商品真实品质，扰乱市场秩序，有损商家形象，终将失信消费者，得不偿失。

原载：“东方网”2022年5月30日[1]

① 转载：《荆门日报》2022年6月2日。

字小如蚁的药品说明书亟须“适老化”改造

日前，记者从江苏连云港市海州区检察院获悉，该院与连云港市检察院发出检察建议后，当地四家药企已各选取一种常用药，通过将说明书中用法、用量等内容的字号放大，对描述适用证、不良反应的文字加下划线或加粗字体等开展“适老化”改造试点；39家零售药店已设立服务台，配置打印机用于提供放大版说明书。①

药品说明书字号太小是困扰老年群体的一个“老大难”问题。主要是：看而不清，字小如蚁，密密麻麻，服用方法、剂量、禁忌证等关键信息混排一处；读而不懂，多数说明书充斥专业术语，让人不知所云。以老年人常用药“硝苯地平”“奥美拉唑”等为例，说明书内容密密麻麻一片，即使用老花镜也像雾里看花，不清不楚。

值得一提的是，上述问题是海州区检察院公益诉讼部门检察干警在履职中发现的。他们走访社区、零售药店，通过召开座谈会、问卷调查等调研后，再以检察建议的方式联合市场监督、药品监督、药企、药店等机构，推动药品说明书“适老化”改造试点。检察机关以这种形式呼应民生所需，值得点赞。

---

① 参见：“澎湃新闻”2022年7月9日。

近年来，国家有关部门在全国范围内开展互联网应用“适老化”改造专项行动，以弥合老年人面临的“数字鸿沟”，主要是改造与老年人生活密切相关的公共服务网站和手机APP，帮助老年人解决生活“堵点”“痛点”。经过大家共同努力，这方面改造已取得阶段性成果。

不过，数字化时代，老年人遇到的难题远不止“数字鸿沟”，在居家、出行、办事、就医等生活场景，常常需面对于老年人“不友好”的坑坑洼洼，字小如蚁的药品说明书就是突出问题之一。出于规范需要，如今的药品说明书须注明的事项越来越多，专业性越来越强，用纸越叠越厚，而文字却越来越小，老年人不仅不易看懂，看清楚都十分困难。

由此看来，习以为常的药品说明书亟须“适老化”改造。首先，对老年人常用的药品，说明书应当突出重点，删除过于专业的陈述，大幅精简内容；其次，对描述医嘱部分文字笔画加粗，方便老年人阅读；最后，为厉行节约、践行绿色理念，常见药品不一定每盒都配上说明书，老年人一次性购买数盒药品可只配一份说明书。

无论数字化时代如何发展，为老年人提供差异化贴心服务，都应成为社会共识和一致行动。因此，“适老化”改造只有逗号，没有句号。在当前，有必要扩大其改造范围，丰富改造内容，创新改造思路，既做“加法”也做“减法”，以更加人性化的措施践行以人为本施政理念。

原载：“东方网”2022年7月9日[①]

① 转载：《梅州日报》2022年7月15日。

每一笔捐赠都应经得起“秋后算账”

近日，《中国红十字基金会驰援河南洪灾行动社会捐赠款物收支情况审计报告》在河南鹤壁“博爱家园”项目点发布，向社会公示中国红十字基金会驰援河南郑州“7·20”特大暴雨灾害接受社会捐赠款物收支及使用情况。[①]

报告显示，中国红十字基金会接受驰援河南洪灾行动捐赠款物价值458497508元，其中捐赠资金411898053元，捐赠物资价值46599455元，以上捐赠款物均已根据灾情需要统筹安排使用，主要用于支持基层基础卫生服务设施恢复重建、社区防灾减灾、公共卫生服务及公共安全项目等。

2021年7月20日，河南郑州发生特大暴雨灾害，造成重大人员伤亡和财产损失。一方有难，八方相助，众多企业和个人纷纷捐款捐物，支援河南灾区重建家园以及恢复生产。中国红十字基金会根据灾情变化和当地实际需求，积极动员社会资源，多措并举募集款物驰援河南防汛救灾。

值得一提的是，募捐活动开始不久，中国红十字基金会即邀请立信会计师事务所进驻，对基金会接受和使用河南防汛救灾捐赠款物进行全程审计和监督，以提升信息公开的透明度。如今，基金会

① 参见：“澎湃新闻”2022年7月20日。

向社会公布所有捐赠款物情况审计报告，表明这次引人关注的募捐活动已圆满完成。

慈善机构聘请审计单位对某项大规模募捐款物使用情况进行审计，并以适当方式向社会公开，符合《捐赠法》和《审计法》规定，是回应社会各界关切、提高慈善事业公信力的有效办法，也是善待善人善举的理想方式。

事实证明，每一项大型募捐活动，只要依法接受捐赠、合规管理款物，杜绝贪污、挪用、浪费等行为，就经得起审计“秋后算账”，有助于弘扬中华传统美德，促进慈善事业发展。反之，募捐管理混乱、账目不清、款物去向不明，不仅辜负捐赠人爱心，破坏慈善事业公信力，还不可避免地有损政府形象。

值得注意的是，据媒体不完全统计，2021年“7·20”郑州特大暴雨灾害发生后，除中国红十字基金会外，还有郑州红十字会、河南省慈善总会、新乡市红十字会、中国慈善总会等慈善机构，接受大量社会捐赠。据全国工商联不完全统计，截至2021年8月3日，全国共有6107家民营企业，通过慈善机构向河南地区捐款38.66亿元，捐物折合12.37亿元。上述累计超过50亿元的受捐款物，如今只有中国红十字基金会管理的4.58亿元公布了审计结果，遗憾的是，目前不见其他慈善机构公开相关审计报告。

慈善事业是“透明的玻璃口袋”，公信力是慈善机构最宝贵的资产。募捐透明度越来越高，公信力就越来越强，善人善举自然源源不竭，慈善事业才能良性循环。因此，举办大型慈善活动，让每一笔捐赠都经得起审计“秋后算账”，是提高透明度和公信力的需要，也是慈善事业题中应有之义。

原载：“东方网”2022年7月22日[①]

① 转载：安徽卫视2022年7月23日。

“摆烂式旅游”走红带来的启示

国庆假期过后，“摆烂式旅游”这一词汇走入大众的视野。“在酒店发呆”“宅民宿玩手机”“没做攻略，在十八线小城闲游”成了部分人的假期真实写照。以前嗤之以鼻的“换个地方躺着”“换个地方玩手机”的“摆烂式旅游”，在2022年国庆假期“真香”了。[①]

这种方式与以往的旅游截然不同：不凑热闹，不去热门城市和网红打卡地，大众更喜欢选择一个不知名的目的地度假，住酒店、吃外卖，既安静又清闲。由此，一些冷门城市走入了大众视线。有意避开拥挤的人群，“摆烂式旅游”显然开启了另一种休闲方式。

对于这种现象，有论者认为，这反映了年轻人的旅游“口味”变了，不再青睐热门景区；有人不以为意，将此看作是常态化疫情防控下的暂时现象，认为不值得小题大做；有人则解读说，这是旅游“赛道”变了，预示着旅游行业的大变革时代来临。其实，一些游客去非热门的旅游小城市打卡的现象早已存在。这一方面得益于小城市基础设施的不断完善。比如现在很多小城市都开通了高铁甚

① 参见：“东方网”2022年10月23日。

至机场，且酒店条件丝毫不逊色热门的旅游城市，性价比甚至更好。另一方面则得益于互联网的发展，许多人会在社交平台分享旅行图文，一些性价比好的小众景点得以被关注和“种草”，然后才可能吸引一些游客去线下打卡。

“摆烂式旅游”走红，带来多重启示。启示一，国人旅游理念多元化、休闲方式多样化，是大势所趋。从跟团游览人文古迹、名山大川，到自由行、自驾游、“穷游”；从深度游、探险游、乡村游，到周边游、“微旅游”、“摆烂游”，即是这种趋势的具体表现。

启示二，热门景区靠“吃老本”“躺赢”将越来越困难。每到节假日，一些热门景区人山人海、体验感差、消费性价比低，正遭到越来越多游客（特别是年轻人）诟病，“摆烂式旅游”就是他们表达不快、“用脚投票”的一种方式，值得深思。

启示三，冷门城市（地区）开发旅游也大有可为。随着一些中小城市的基础设施不断完善，原生旅游资源没有被过度开发和商业化，原汁原味的风土人情呈现出越来越大的吸引力，加上具有后发优势，大大增强了发展旅游业信心。

由此看来，对待“摆烂式旅游”走红，有关各方既不能视若无睹，也不必大惊小怪，更不应“上纲上线”贴标签，而应保持清醒，郑重以待，把握新动向，瞄准新需求，顺势而为整合资源，因地制宜推陈出新，为旅游市场提供更多更具吸引力的休闲产品。

原载：“东方网”2022年10月24日[①]

① 转载：浙江卫视2022年10月24日。

“财富自由”是伪命题[①]

近日，上海“80后”夫妻在社交媒体称，存款到300万元，决定双双“退休”，引发热议。小陈女士表示，自己今年三十三岁，丈夫四十岁，去年两人双双失业，这个年龄出去不好找工作，索性就不工作了。他们打算把300万元存入银行大额存单，再拿出一部分去炒股或者买基金，每个月理财收入有1万元，她预计300万能用到约七十岁。[②]

小陈女士进一步介绍说，他们觉得自己责任心不强，所以不想养育孩子，想趁着年轻吃喝玩乐，享受生活。夫妻双方都各有一位老人，两位老人都支持他们的决定，因为年事已高也带不动孩子，支持子女做让自己开心的事。

为此，众网友吵翻了。不少人对他们表示羡慕，也有很多人感到担忧，还有部分人坦言“不敢想”。对于有多少钱存款才能达到“财富自由”提前退休，网友更是看法不一。

这是又一个关于“财富自由”的话题。近年来，此类话题不时见诸媒体，关注度高，围观者众，有些专家学者也参与其中，还煞

① 原标题为：“财富自由”是伪命题，认真你就输了。

② 参见：“极目新闻”2023年2月26日。

有介事“计算”出中国人达到“财富自由”的存款“中位数指标”，似乎达标后真可“躺平”，提前过上衣食无忧的“退休”生活。不少网友表示，要把早日实现“财富自由”当作人生“小目标”。

其实，“财富自由”是典型的伪命题，因为这背后有太多“未知”因素，当真不得。以上述上海“80后”夫妻为例，撇开无法预测未来的通货膨胀率不谈，他们自称有存款300万之外，房屋几套、价值几何、有无股权等投资，以及双方父母名下房产、存款等财产信息却付之阙如，而这些显然是他们敢不敢“躺平”的重要因素。再者，他们只有三四十岁，谁能保证他们宣布“躺平”后，在“山穷水尽”或“天赐良机”时不会选择“再就业”呢？

此外，我国幅员辽阔，经济发展不平衡，不同地区百姓实际收入水平差距不小，决定了所谓“财富自由”的标准千差万别；而个人物质欲望追求、消费观念，以及父母方面财富积累状况，同样是决定“财富自由”不容忽视的因素。换句话说，不同地区、不同个人对“财富自由”标准要求不尽相同；即使同一地区，不同个人实现“财富自由”的目标和条件也千差万别。而以上问题，根本无法给出令人信服的“标准答案”。

事实上，一些媒体和个人炒作“财富自由”话题，很大程度上是为了博眼球、赚流量，属自设“靶子”、小题大做，既无多大意义也不存在“标准答案”，反而人为放大“财富积累”焦虑，涉嫌误导公众、浪费舆论资源，不利于社会理性讨论相关问题，无助于营造积极向上的公共氛围。对此，社会各界人士不得不察。总而言之，“财富自由”是伪命题，认真你就输了。

原载：“红网”2023年2月27日[①]

① 转载：浙江卫视2023年2月27日。

“适老”还是“戏老”，是APP适老化改造“必答题”

移动互联网时代，对手机APP进行“适老化”改造，有助于让更多老年人跨过“数字鸿沟”。但记者近期调查发现，虽然适老模式已经在部分APP中出现，但并不被老人所知。适老模式本身也存在各种问题，老人使用起来有些困难。

这些问题归纳起来，首先是APP适老化模式“不好找”。中国消费者协会2022年12月发布的监督评测报告显示，在其纳入测评的104款APP中，尚有40.3%既无老年人专用版本，也无内嵌适老界面；有些APP设有适老化模式，或宣传推广不到位，或切换按钮不醒目，找起来不方便，导致“养在深闺人未识”。

其次，是APP适老化模式“不好用”。如：切入路径太复杂，先点击“我的”，再点击“设置”，才能找到切换按钮；许多APP的“设置”按钮做成一个不太起眼的小图标，没有任何文字提示，老人找起来着实够费劲；有的APP适老化模式页面设计简陋，所显示的商品服务少，老年人常常要持续小心滑动、翻页，才能找到所需内容。

最后，是APP适老化模式“套路多”。有的在页面布局上给老人“使绊子”，一不小心触碰到“悬浮窗”进入广告；有的垃圾功能多，套路满满的“优惠券”之类霸占屏幕中央，甚至还引诱借贷，返回页面时不易操作，十分烦人；有些APP适老化模式沦为“一张皮”，页面看似字体变大、设计简洁，但点击之后还得返回标准页面；还有的APP适老模式连基本功能都不具备，完全变成了一个“空壳”，改了个“寂寞”。

手机APP“适老化”改造的目的，是解决老年人生活的“堵点”“痛点”，弥合他们面临的“数字鸿沟”。上述记者调查表明，这项工作仍存在不容忽视的问题，有些手机APP开发者、运营商对老年群体实际需求视而不见，对适老化改造消极对待、敷衍了事，甚至给老年人“添堵”，值得高度关注。

我国已进入老龄化社会，无论时代如何发展，为老年人提供差异化贴心服务，都应成为社会共识和一致行动。数字化时代，APP适老化改造是提升老年人生活品质的重要工作，这项工作不存在技术障碍，也无须投入过多资源，关键是认识问题、态度问题。

“适老”还是“戏老”，是手机APP适老化改造必答题。有关部门务必细化APP适老化改造标准，强化APP运营商主体责任，提高监督检测能力，甚至出台相关的惩罚机制，争取早日实现既定目标。这是满足老年人日常生活需要，也是以人为本施政理念应有之义。

原载：“东方网”2023年3月21日[①]

① 转载：《消费日报》2023年3月23日。

对“反向抹零”就该“斤斤计较”

消费者在结账时，商家抹个零头、凑个整方便付款，是再常见不过的操作了。然而没想到的是，有些商家却“反向抹零”，没有“四舍”，只有“五入”，让消费者“堵心”。近日，浙江嘉兴市平湖市场监管局查办多起“反向抹零”案件，向不法商家亮剑。①

例如：2023年3月8日，消费者朱女士在平湖市祥中路某连锁饭店就餐，消费合计432.80元，可结账时商家收取金额为433元，多收取0.2元。当日，朱女士向平湖市市场监管局当湖市场监管所投诉。

接到投诉后，执法人员对当事饭店进行检查，饭店确认属实。市场监管部门依据《价格法》中“经营者违反明码标价规定的，责令改正，没收违法所得，可以并处五千元以下的罚款”的规定，责令当事饭店改正，并作出如下处罚：没收其违法所得0.2元，罚款1500元。

近年来，消费者投诉商家“反向抹零”越来越多，引发舆论关注。就具体个案而言，每位消费者被“抹去”的金额普遍不大，损失很小；但对商家来说，“小数不怕长计”，日积月累，通过“反

① 参见：“极目新闻”2023年5月6日。

向抹零”可以带来一笔额外收入。不过，观察这一问题，不能只看每个消费者实际损失多少，而应从消费者权益保护角度去衡量利害关系、确定事件性质。

首先，商家“反向抹零”并未明确告知消费者，违背公开、诚实信用原则，涉嫌侵犯消费者的知情权及选择权；其次，商品实际售价与标签价格不一，明显违反明码标价的规定；最后，商家“反向抹零”属典型的“价外加价”，不管金额大小，均违反了“经营者不得在标价之外加价出售商品，不得收取任何未予标明的费用”的规定。

针对商家“反向抹零”行为，最近一些地方市场监管部门频频出手，或责令涉事商家改正并向消费者道歉，或没收商家违法所得并处以100—5000元罚款，有力打击了个别商家的不良行为，保护了消费者权益，维护了市场秩序和法律权威，成效初显，值得点赞。

值得一提的是，有观点认为，消费者投诉商家“反向抹零”，显得过于“斤斤计较”，监管部门依法予以处罚纯属“小题大做”。问题在于，综上分析，商家“反向抹零”行为违法事实清楚、定性十分明确，负面影响明显。消费者权益保护无小事。

因此，对待“反向抹零”，不管是消费者还是市场监管部门，就该“斤斤计较”，该出手时就出手。

原载：“东方网”2023年5月8日[1]

① 转载：《重庆商报》2023年5月12日。

“14万月薪请保姆”事件存在诸多问号

近期，有网友在社交平台发布了一则《上海太太月薪14万招保姆》的微信朋友圈截图。网传内容显示，14万月薪所招聘的为不住家保姆，工作时间从早9点到晚9点，服务内容包括给“上海太太”穿鞋、脱衣服等内容，且要求提供“跪地服务”。还要求保姆身高须达到1米65以上，体重在110斤以下，高中以上学历，会唱歌跳舞长相干净……①

网传内容引发高度关注，网友们为此吵翻了天。有对“天价保姆工资”啧啧称奇，有对雇主要求“跪式服务”表达不满，有对家政公司涉嫌营销炒作表示质疑……除社交媒体外，一些传统媒体名下新媒体也跟进转发，有的还对“当事人”进行采访。

据报道，记者以招聘保姆的名义询问该广告内容的相关情况时，网传图片中的“中间人”Lisa则表示网传内容属实，且“这名客户已经以14万月薪招聘到两位保姆”，一个上白班，一个上晚班。白班保姆需为雇主穿袜、脱鞋，晚班保姆需帮雇主洗脚、按摩。

细看这则广告的招聘条件，要求并不高，社会上符合“高中以

---

① 参见：“红星新闻”2023年5月13日。

上学历，会唱歌跳舞且长相干净”等条件者难计其数。可以说，在我国整体经济形势依然复杂严峻，今年有1000多万大学生面临较大就业压力情势下，这则“上海太太14万月薪请保姆”消息犹如晴天“惊雷”，刺痛社会多方神经，网友为此吵翻天不足为奇。

值得注意的是，有多位家政业内人士表示质疑。一家南京家政公司的经理表示，这样开出年薪上百万招保姆的做法实属罕见，严重脱离正常的价格区间，“不排除是企业营销手法”。多个接受记者采访的其他家政服务公司均提出类似看法，但也有人觉得“不排除其真实存在的可能”。

事实上，迄今为止，只有个别新媒体记者“以招聘保姆的名义”，通过电话“询问”过相关情况，且仅向网传“中间人”了解。这种“询问”单个信息源的做法，与严格意义上的媒体采访区别甚大，连新闻基本要素都不齐备，仅靠这位“中间人”所谓“内容属实”一说，无法据此印证网传内容真实性，难以服众。

综上所述，“上海太太月薪14万招保姆”事件有诸多问号亟待“拉直”，在缺乏主流媒体正规采访相关当事人的情况下，有关各方据此分析、评判，无异于“缘木求鱼”，不得要领。鉴于此次事件已造成较大网络舆情，且不乏负面元素，当事方存在违规嫌疑，有关部门有必要对“上海太太14万月薪请保姆”事件进行核实调查，厘清事实脉络，还原事件全貌，回应公众关切，维护家政业健康发展。

原载：“东方网”2023年5月15日[1]

① 转载：浙江卫视2023年5月15日、《城市导报》2023年5月18日。

打击“职业物闹”，亟待立法赋能

时下，一些“职业物闹”将拥有大量维修基金和公共收益的小区视为“肥肉”，通过潜伏在小区内挑动对立、威胁拉票等手段，推动业委会和物业公司更迭，进而掌控小区资源、牟取私利，导致小区矛盾复杂激化。①

东部某小区业主刘先生与小区内潜伏的“职业物闹”博弈了两年多。刘先生发现，他所在小区的“职业物闹”核心成员有两至三人，外围有二十多人。他说：“这些人有组织，有资金支持，有法律顾问。他们先用‘换物业、改善环境、涨房价、分收益’等话语煽动业主，再炒作业主对立话题，制造谣言”，甚至“上门威胁小区居民，让一些业主不敢反对他们。”

媒体记者调查发现，“职业物闹”渐趋活跃，他们常以维权的名义挑起小区矛盾，最终达到对物业项目的“撬盘”目的。其“专业”手法如下：首先，挑选业主多、有维修需求和公共收益，且是“生人社会”的小区；其次，在小区挑话题、带节奏、下结论，制造矛盾，抹黑业委会和物业公司；最后，掌控新业委会，更换物

① 参见：“半月谈”2023年5月28日。

业，再上新项目，发包给关联公司，逐步掏空小区维修基金和公共收益。

“职业物闹”何以越闹越凶？主要原因有：一是部分物业公司服务质量有所下降，加剧了业主的不信任感；二是大多业主尚未养成“花钱买服务”自觉，或长期拖欠物业费，或期待缴纳低端物业费享受高端服务；三是小区“生人社会”特性明显，80%以上的业主对小区公共事务漠不关心，容易被“带节奏”。

上述问题经年累月交织、发酵，导致一些小区业主和物业公司矛盾日深，事关维护业主权益、提升物业服务质量的重大事项（如：成立业主委员会、合理提高物业费、公共区域收益归属以及动用公共维修基金修缮安防、消防设施等）难以开展。凡此种种，互为因果，步入“死循环”，成为滋生“职业物闹”最佳的“土壤”。

综合媒体披露，近年发生疑似“职业物闹”的小区有如下特征：业委会选举或“一波三折”，或“无果而终”；小区房价持续走高，物管成本大幅上涨，物业费提价却被无限期冻结，物业公司经营“压力山大”；小区安防设施落后、消防设备老化、安全隐患重重等重大而紧迫问题，长期得不到解决。

值得注意的是，当前指导各地制定属地“物业管理制度”的文件，是2003年国务院颁布的《物业管理条例》。二十年来，沧海桑田，我国城市化进程突飞猛进，各式住宅小区居民达数亿人，伴随而来的是小区业主自治、物业管理等累积大量亟待解决的问题，“职业物闹”只是“冰山一角”。许多业内专家研讨和诸多实践表明，现有物业管理法规似乎“力有不逮”。

因此，治理“职业物闹”之类难题，亟待立法赋能。立法机关务必将小区物业管理当作加强基层治理体系现代化建设重要抓手，与时俱进，在深入调研基础上，平衡各方权益，突出针对性、操作性，堵塞漏洞，尽快修订、完善物业管理法规，引导我国小区业主自治和物业服务管理水平跃上新台阶。

原载："东方网"2023年5月29日[①]

① 转载：浙江卫视2023年5月29日、《城市导报》2023年6月1日。

不妨让“人里人气”的黑熊当动物园“代言人”

近日，有网友发视频称，浙江杭州动物园黑熊疑似是人“扮演”的。视频中，“黑熊”站立和游客互动。该网友称，“黑熊”怎么“人里人气”？因此，该视频在网络上引起热议。对此，杭州动物园通过官方公众号、相关负责人等多次回应称，马来熊是真的熊，并非由人类“扮演”。[①]

据杭州动物园副园长江志介绍，“这已经不是马来熊第一次上热搜了，确实有科普的必要。”江志介绍，目前该动物园里有三种熊：黑熊、棕熊和马来熊。被网友质疑“人里人气”的是马来熊，体型比前两者稍小，共有一公一母两只，是一对恩爱“夫妻”，它们于2020年来到杭州，今年已经成年，即将进入繁殖阶段。

那么，马来熊为什么会站起来？江志说，熊科动物都有站立的能力，尤其是野外的熊，打斗的时候都会站起来。马来熊性情比较温和，它们站起来可能是跟游客互动的行为。原来如此！换句话说，像人一样双脚站立，是马来熊与生俱来的本领，根本无须“劳驾”人类“扮演”。

不过，这些官方回应无法打消来自国外网友的怀疑。2023年8

① 参见：“极目新闻”2023年8月6日。

月1日，英国《每日邮报》及美国NBC、CNN等多家媒体跟进报道，国外网友纷纷质疑这“人里人气”的马来熊由人“扮演”，特别是其臀部的褶皱暴露了它是人的“事实”。甚至有网友直言，“这肯定是某人穿着不合身的小熊服装”，部分媒体报道的点赞等互动量已经达到数十万，相关话题在国外网络引发大量关注。

为了向网友科普，美国的一家媒体专门请教了马来西亚野生动物学家。这位专家表示，杭州动物园里的马来熊“肯定是真的马来熊”。“我研究这种生物二十五年了，它们像人类一样站立，母熊甚至可以一边抱着小熊，一边站立行走。”这位专家还解释道，马来熊背上的褶皱，可以让熊在应对“敌人”时，更容易转身并发起反击，进而免受侵害。

值得一提的是，马来熊是世界上最珍贵且稀有的物种之一，被世界自然保护联盟列入易危级别，是国家一级重点保护野生动物。或许正是这种珍稀性，公众对其习性认知有限，加上杭州动物园里的马来熊与游客不时互动，其“人里人气”的站立姿势太像人类，才导致其屡屡被质疑由人“扮演”，且连上热搜，火爆海内外。

据了解，“人里人气”的马来熊走红网络后，杭州动物园客流量上升三成，不少游客出于好奇，特意前来“验证”这只马来熊。有关部门预计，还会有更多游客被吸引走进动物园。为此，建议杭州动物园顺势而为，趁热打铁，让这只“人里人气”的黑熊当动物园“代言人”，将其站立“扮演”人的视频和照片作为宣传重点、亮点，利用各式媒体或在园内显著位置推广这特殊“代言人”，这样既可科普珍稀动物常识，减少不必要的误解，还可激发公众参观兴趣，扩大动物园知名度，招徕更多游客。一举多得，何乐不为？

原载：“东方网”2023年8月7日[①]

① 转载：《荆门晚报》2023年8月8日。

期待“同一地铁站进出限时免费”成新行规

由上海市司法局指导，华东政法大学、上海市律师协会主办的第九届“小城杯”公益之星创意诉讼大赛决赛于近期落幕，由华东政法大学和复旦大学学生组成的“撬起地铁”队带来的“上海地铁短时间内‘同站进出’收费纠纷案”获得了大赛的一等奖。[①]

上海市高级人民法院此前介绍，上海地铁已发布新规定，乘客临时有需求在短时间进出同一站点的情况，10分钟内可至车站服务中心进行人工处理。这一制度的推行大大方便了因一些特殊情况短时进出地铁站且实际并未搭乘地铁的乘客。

这一新规的推出和上海铁路运输法院受理的一起票务纠纷案有关。据悉，2022年12月，女大学生罗女士在乘坐完地铁扫码走出闸机后，发现该地铁口距离自己的目的地较远，便重新扫码进入地铁站，在站内穿行前往距离目的地较近的出口“借道通行”。尽管并未乘车，但罗女士发现自己的账户被自动扣除了3元乘车费。为此，罗女士将地铁公司诉至上海铁路法院，请求法院判决确认地铁公司制定的“上海轨道交通0公里票价为3元”格式条款无效。经过法官

① 参见：《北京青年报》2023年12月10日。

等方面的工作，地铁公司制定了“乘客10分钟内可免费进出同一地铁站”的新规。罗女士在了解到新规定后，撤回了起诉。

在这起纠纷案中，诉讼主体各方的表现均可圈可点。罗女士作为一名在校大学生，亲身经历发现不合理收费后，通过法治途径发声，要求优化“0公里收费3元的规则”，挑战“同一地铁站短时进出须付费”的行规；主管法官搭建有效沟通平台，促进地铁公司优化服务，实质性化解争议，让老百姓感受到公平正义；地铁公司关注乘客合理需求，进一步完善乘车规则，更好地承担了社会责任。

同一地铁站进出闸口须付费的规定，由来已久，不仅上海地铁如此，实际上已成为国内各大城市地铁运营的行规，收费标准1.5元至3元不等，名曰“最低基本费用”。从维护站内秩序、堵塞漏洞、增加收益角度看，这种收费有一定必要性。但是，从合法性、合理性分析，如此收费显然罔顾少数乘客的合理需求（如：不慎走错、借道通行、改变行程等），经不起法理推敲，值得改进。

上述纠纷案得以调解成功，让人感受到上海良好法治环境的同时，也为全国其他城市地铁运营带来有益启示。服务无止境，满意无终点，城市地铁管理应当与时俱进、精益求精。否则，墨守成规、漠视需求，有违以人为本理念，有悖法治精神，难免遭遇类似“0公里”收费3元引发的法律纠纷。

因此，人们有理由期待，其他城市地铁向上海地铁看齐，破旧立新，让“同一地铁站进出限时免费”成为新行规。

原载：“东方网”2023年12月11日[①]

① 转载：“人民日报客户端”2023年12月11日、《城市导报》2023年12月14日。

医保付费改革不应损害“复杂病人”权益

“辛辛苦苦做了一个月，结果核算下来科室倒扣钱。”“病人主诉只是普通疾病，一查下来发现有多种合并症，这就尴尬了！”近来多省市改革按疾病诊断相关分组（DRG）付费后，医疗费用增长得到明显控制，但接踵而至出现新情况：部分医疗机构不愿收“复杂病人”了。“‘复杂病人’需要处理的操作步骤非常多，对标DRG后费用明显超标。而根据现有医保规定，落到实际往往医生做了苦活还要倒贴。”业内人士吐露心声。①

DRG付费在美国、德国等有四十年实践经验，被普遍认为是控制医疗费用过度开支的有效方法，而今这种支付方式遍及全球，已成为许多国家医保最主要的支付手段。2021年国家医疗保障局发布《DRG/DIP支付方式改革三年行动计划》，将DRG付费引为医保试点支付方式，旨在有效引导、控制医保合理开支。

世界上没有完美的医保支付方式，每种方式都各有利弊，DRG付费也不例外。复旦大学医院管理所高解春教授直言，DRG付费像“多种价格的多种套餐”，这种“套餐式”总额预算会导致质量问

① 参见：“上观新闻”2024年4月28日。

题，个人满意度受影响，医院也可能挑选病人。也就是说，为防止付费超支，一些医院有不愿收治“复杂病人”动因。

“复杂病人”指患者主诉只是普通疾病，但经医院检查发现合并多种病症。实行DRG付费后，普通疾病与“复杂病人”对应的医保支付费用有明显差异，如果治疗下来，医院需自行承担超额费用，有的医院会将此“转嫁”给科室或医生个人。这种情况下，“复杂病人”或被按普通疾病治疗或被拒收。

相较于普通疾病患者，“复杂病人”显然更需要得到及时有效的治疗。但是，在DRG付费条件下，由于治疗“复杂病人”面临需承担超额费用风险，医院可能人为推诿，导致“复杂病人”无法第一时间获得应有治疗，其病情难免被延误。这不仅有悖医保支付公平性原则，有违医院“生命至上、救死扶伤”宗旨以及医者仁心天职，也显然不符合医保付费改革的初衷。

值得注意的是，上述业内人士有关言论表明，推行DRG付费还可能导致“医生做了苦活还要倒贴”等不合理情况。这样，“复杂病人”和医生均成为这种医保付费改革成本潜在“买单者”。如不改进相关举措，不免导致“负向循环”，持续放大医保付费改革负面效应，有损医保制度社会信誉。医保付费改革涉及数亿参保群众的切身利益，务必慎之又慎。

有鉴于此，医保主管机构和各级医院在实行DRG付费后，应在借鉴他山之石基础上，及时总结推进过程中出现的新情况、新问题，因地制宜、主动作为，完善改革举措，最大程度均衡医保基金、患者、医院、医生多方利益，特别是不应损害“复杂病人”的权益。

原载：“东方网”2024年5月1日[①]

---

① 转载：“人民日报客户端”2024年5月1日。

法治视角

三

聂树斌案：要舆论监督，不要舆论审判

牵动各方神经的聂树斌复查案，迎来了再次延期。2015年12月14日，山东省高级人民法院报请最高人民法院批准，将复查期限再次延长三个月，直到2016年3月15日。这是最高法院指定山东高院复查聂案以来，第三次延长复查期限，此前已两次延期，延长了六个月。

像前两次复查延期一样，这次延期的理由也是“案情重大、复杂，工作涉及面广”。聂案这是“重案之重”，牵涉广泛，加上年深岁久，时过境迁，诸多痕迹、物证湮灭无迹等因素，致复查工作难度巨大，进程缓慢。应该说，复查期限一再延长，是山东高院慎之又慎之举，无可厚非。

不过，一些媒体似乎耐性不足，每一次延期，都会引来舆论批评，这次也不例外。12月15日，“澎湃新闻”发表评论，题目是《聂树斌案：正义不可再迟到》，认为“终极正义并非掌握在法院手中。法院在审判聂树斌案，世道人心则在审判法院”。评论追问，国人的“耐性终归有限”，“正义怎能迟到，怎能再迟到？”

这是又一篇就聂案“拿正义说事”的评论。此前，关于聂案的评论中，“拿正义说事”的不少。如：《聂树斌案：迟来的正义岂能迟迟不到》《聂树斌案：正义之日，何时到来》《聂树斌案：让正义照亮每一个细节》，等等。

每每有所谓“冤案”新闻，不管法院重审与否，一些评论动辄“拿正义说事”。这看起来“高大上”，貌似占有法律或舆论高地，实际上，其立论往往经不起推敲。就聂案而言，最高法院指定山东高院复查，符合法律规定，本身就是程序正义的体现。山东高院第三次延长聂案复查期限，依据的是《最高人民法院关于适用〈中华人民共和国刑事诉讼法〉的解释》第一百七十三条，并经报请最高人民法院批准，符合法律规定，符合程序正义。换句话说，从法律程序上说，聂案得以复查，已获得程序正义的基本胜利，而且是重大胜利。

至于案件的实质正义，则要复杂得多。正因为其复杂，外人不应作无端揣测，真正的实质正义如何，必须以法院最终判决为准。必须注意的是，聂案复查，不管山东高院依法作出如何判决，都应该得到尊重，应认为是正义的实现，而不能认为判聂树斌无罪才是正义，而维持河北高院原有罪判决就是非正义。而一些评论，显然预设了聂案是冤案的前提，追问正义早日到来，无非是要求法院早日宣判聂树斌无罪，这是典型的舆论审判，是对法院公正判决的无端干扰，值得警惕。

媒体舆论监督，对聂案的复查起了重要推动作用。复查程序启动后，有关各方有必要“静静”，让司法机关专心致志地进行调查，为法官们作出公正判决创造有利的舆论环境，而不是相反。舆论监督可以继续追问真相，但不应该对案件结果作出先入为主的判断，这与舆论审判无异，是对正义的曲解，更是对法律的不敬。

原载：“红网”2015年12月17日[①]

---

① 转载：最高人民法院微博2015年12月18日、《人民法院报》2015年12月19日。

“八小时之外”别把群众混同于领导[①]

2月10日上午，一份由贵阳市第一人民医院下发的《关于对马某某同志在公共场所打麻将的处理意见》在网络热传。内容显示，春节前，贵州省纪委检查组在检查中发现，该院普外二科护士马某某在南明区某餐饮店打麻将，给医院和科室“造成了很坏的影响”。《处理意见》称，按照上级纪委要求，决定对普外二科及马某某个人进行全院通报批评，扣罚科主任及护士长当月绩效奖。对于马某某本人，要求其做出书面检查，同时扣罚三个月绩效。[②]

十八大以来，党纪执法越来越严，干部打麻将被处分的案例不时见诸媒体。这些案例的普遍特点是：违纪者是领导干部，上班时间打麻将，带有明显的赌博性质，受处分的是违纪者本人，体现了纪律挺在前面的严格要求。不过，贵阳市第一人民医院处分打麻将护士马某某的新闻，却引发热议，引起关注。首先，马某某不是领导干部，不是党员，只是一名普通护士，是医院最基层的职工；其次，打麻将不在工作时间内，而是下班后；第三，《处理意见》中未提及她涉嫌参与赌博活动；第四，处分严厉且“株连”面较大，

---

① 本文获2018年度“红网”时评大赛佳作奖。

② 参见：《新京报》2017年2月11日。

除马某某被扣罚三个月绩效工资外，其所在科室也被通报批评，科主任、护士长还被“株连”扣罚当月绩效工资。

一个小护士在“八小时之外”打了一次小麻将，受到如此严厉处罚，网络舆论喊冤者众。必须注意的是，该护士不是领导干部，不是党员，显然不是党纪政纪监督的重点对象；她打麻将不在工作时间，并未涉嫌赌博，无非是消磨时间，娱乐而已。人们不禁要问，其行为性质达到了必须严厉处分的程度吗？退一步说，即使她被处罚是罪有应得，但有“株连”其他人员的必要吗？显然，这是有关方面执纪“方向跑偏”且“用力过猛”的结果，也是继百姓再婚不得办酒席、群众办酒席被没收饭菜、普通员工在单位饭堂潲水桶丢弃半个馒头被纪委处分等案例之后，任性执纪“死磕”普通群众的又一例子。

不许打麻将，是各地推进干部队伍作风建设的精准举措，值得肯定。资料显示，70%以上的腐败分子都存在“八小时之外”违法乱纪问题，将监督延伸至下班后，有现实必要性。按照全面从严治党的要求出台相关规定，约束、规范党员领导干部“八小时之外”的言行举止，有利于净化他们的“社交圈”“生活圈”，有利于增强他们的廉政意识，也有利于改进干部队伍的形象。

但是，工作之余不准打麻将之类的规定，应当突出重点，抓住领导干部这个关键群体；而不能随意将监督追责扩大化，把普通群众混同于领导干部，盯住群众下班后的一举一动，按照党员领导干部的标准去约束他们，甚至从重从严惩处他们的小节问题。把群众混同于领导，明显有违立纪初衷，难免给人以小题大做或“捏软柿子”的感觉。长此以往，也难免消解党纪政纪的严肃性，得不偿失。

原载：“红网”2017年2月12日

“死伤由命”的武林约战，法律该出手

近日，综合格斗教练徐晓冬与雷公太极创始人雷雷的一段比赛视频在网上引起关注。4月27日，在一场自发的非正式比赛中，雷雷二十多秒就被徐晓东击倒。雷雷的快速战败，引起了公众对传统武术实战性的质疑。为替太极“正名”，4月29日傍晚，陈氏太极多名弟子向徐晓冬公开发起战书。①

雷雷的“秒败”，虽然不至于令传统武术颜面扫地，但的确让许多武术爱好者郁闷又意外，也激发了更多武术门派捍卫尊严的斗志。4月30日，崆峒派掌门人也约战徐晓冬，要求“无限制格斗，死伤由命”。5月1日凌晨，徐晓冬通过微博发布一条“最重大的消息”，称同意接受这些武林掌门人的挑战，“不带任何护具，不限制规则，可以踢裆插眼等”，十分钟内分出胜负，如未分出胜负则平局，并称《勇士的荣耀》创始人郭晨冬先生将出120万奖金，胜负都有。

徐晓冬自称是一百年才出一人的格斗高手，宣称“传统（武术），太极为首，都是骗子”。向徐晓冬下战书的，则号称是千年武术门派的掌门人。一方说自由格斗，“死伤由命”；另一方称不

---

① 参见：《北京青年报》2017年5月1日。

限制规则，“可以踢裆插眼”。这些扎眼的词语，引发网络热议，部分“吃瓜群众”甚是兴奋，期待现代格斗与中国传统武术来一场真正意义上的“巅峰对决”。

对武术和格斗，笔者是门外汉，对双方约战，只有看热闹的分。不过，文明社会，一切皆讲究规则，任何比赛都必须秉持生命至上原则。没有规则的所谓约战就是野蛮，死伤由命的迎战就是愚昧。这与街头混混打架无异，与传统武术精神和现代文明毫不相关，是拿生命当儿戏，视社会规则如无物。这种“约战”，其实就是“约架”，挑战的不是传统武术，而是人类的现代文明底线。

值得注意的是，对徐晓冬的“约战”，以及各武术门派的迎战表态，许多网友以看热闹的心态，乐观其成。一些媒体貌似客观报道，其实难脱推波助澜之嫌。面对传统武术比赛被批“太假”，竞技体育主管部门似乎也有苦难言，选择“装睡”，任由各方打嘴仗，逞凶斗狠。也有人说，他们只是炒作而已，不可当真。

但是，一个不应忽视的问题是，徐晓冬的“约战”，不仅想挑战传统武术，而且事实上已挑战了法律红线。“没有规则”“可以踢裆插眼”“死伤由命”的公开“约战”，明显违反社会公共秩序，有悖《治安管理处罚条例》之精神。对此，公安机关不能像“吃瓜群众”一样作壁上观，对各方的“约架”行为视而不见，该发声时就发声，该出手时就出手，果断制止所谓的“巅峰对决”。这样做，不是为了遏制涉嫌炒作的行为，也不是为维护传统武术的声誉，而是出于对任何一位公民生命权的保护，出于维护社会秩序以及法律的尊严。

原载：《现代快报》2017年5月2日

注册奇葩公司名，法律可以“怼”回去

在陕西省宝鸡市，一家名为“宝鸡有一群怀揣着梦想的少年相信在牛大叔的带领下会创造生命的奇迹网络科技有限公司”的公司，被当地工商局批准注册成立。公司名长达39字，还是一句主谓宾齐全的句子。[①]

一个公司的名字，长达39字，且还包含主语、谓语、宾语的完整句子，得以在工商局登记注册，令人有被刷新“三观”的感觉。相对于去年登记成功的“洪荒之力公司”和“赚他一个亿公司”，这个被称为“史上最长名称公司”，无疑更奇葩，更让人“脑洞大开”。

值得关注的是，工商机关准予如此奇葩名称公司登记的理由。宝鸡市工商局一名工作人员向记者表示，该公司“名字虽然奇怪，但没有违反《企业名称登记管理规定》”。名字只要合规，不包含“反动、淫秽、对人性侮辱等内容”，没有字数限制，“奇怪一点也不违规”。照此说法，以此类推，“北京有一群怀揣着梦想的房奴相信在牛大哥的带领下会创造炒房的奇迹房产经纪有限公司”，也可以登记注册；49个字、59个字、上百字，甚至更多字的公司名

① 参见：“央广网”2017年6月9日。

称，也可以“横空出世”。长此以往，公司名称可能没有最奇葩，只有更奇葩。

实施商事制度改革以来，注册公司变得越来越简单，特别是注册资本由实缴制改为认缴制后，开公司门槛已降到最低。但公司名称登记依然是严肃的事情，注册奇葩名称的公司，“恶搞”意味不言自明。面对“恶搞”，工商人员不能片面理解“法无禁止即可为”的内涵。依据现有法规，完全可以将“恶搞”式注册“怼”回去。

2012年11月9日，国务院颁布第628号令，对《企业名称登记管理规定》进行了修订，其中第九条第二款规定，企业名称不得含有“可能对公众造成欺骗或者误解的”的内容和文字。在这里，对“可能对公众造成误解”的释义，不能仅从狭义去解释，而应从广义去理解。“史上最长名称公司”，其内容和文字显然有容易造成公众误解的嫌疑。易误解一，“牛大叔”是个牛人，真的可以带领年轻人“创造生命的奇迹”；易误解二，39字名称被注册本身，易被认为法规对企业名称的数字没有限制，再多字数都是可以登记注册；易误解三，只要没有敏感词语，再奇葩的企业名称，都是被容许注册的。因此，工商登记部门，可以理直气壮将奇葩名称公司拒之门外。

当然，越来越多的奇葩名称公司申请登记，说明相关规定确有模糊之处，让恶搞者认为有漏洞可钻，立法部门有必要打打“补丁”，堵堵漏洞。特别是对公司名称字数及内容，应作出明确的限制性规定，以防博眼球的“恶搞”式注册再现，维护法规解释的准确性和严肃性。

原载：“红网”2017年6月10日[①]

① 转载：《民主与法制时报》2017年6月12日。

惨烈车祸呼唤“宽容性公路”

8月10日深夜，西汉高速公路陕西段发生特大交通事故，一辆从成都发往洛阳的河南客车，在途经秦岭一号隧道口时，因撞到隧道进口前墙壁发生事故，造成36人死亡、13人受伤。

虽然事故原因正在调查，但属人祸无疑。有关专家初步分析认为，事故直接原因很可能是驾驶员疲劳驾驶，间接原因则是公路设计不合理。据了解，该段高速路是三车道，而秦岭一号隧道只有二条车道，从三车道变为二车道，理应有过渡路段，设置逐步收窄的隔离护栏、引导标线、警示设施。但从事故现场照片看，秦岭一号隧道前，没有相关提醒设施。高速行驶中的汽车驾驶员，在没有连续提前警示的情况下，精力稍有分神，就可能猝不及防地撞上隧道口墙壁。

据统计，隧道口及桥梁两端是交通事故多发路段，而且极易发生重大事故。由于隧道及桥梁的车道常常要比其他路段少，进口端突然收窄。在这种情况下，渐变式的过渡、提醒设施显得尤为重要。在这方面，发达国家在道路工程设计中的宽容性理念，值得借鉴。

20世纪70年代，国外路桥建设专家提出了路侧宽容设计理念。初衷是：作为道路使用者，在行车过程中发生驾驶过错是不可避免的；然而，其发生的驾驶过错不应以其生命作为代价，应该为驾驶员行车过错提供宽容的空间与措施，最终实现拯救用路者。换句话说，就是任何人都难免犯错，道路应具有较强的容错、纠错能力，让驾驶员有修正错误的空间和时间，这就是道路的宽容性设计理念。

在不少发达国家，宽容性设计在道路建设中得到很好的体现，相关设施随处可见，对减少交通事故、减轻人命及财产损失，起到了显著作用。不少发达国家的户均汽车拥有量远超过我国，而交通事故发生率及死亡率却远低于我国。除道路管理水平、国民安全意识外，更重要的就是其推崇的宽容性理念，在道路上做出容错性措施，尽最大可能让驾驶员避免事故的发生。

我国已经是世界最大的汽车生产国和消费国，家庭汽车拥有量逐年上升。与此同时，道路建设速度、质量及管理水平，却跟不上汽车消费发展速度，各式安全隐患并不少见。以人为本，是各级政府的施政理念，生命至上理应成为道路设计的出发点和落脚点。因此，在我国经济发展已上新高度的今天，在道路工程建设中，全面引入宽容性设计理念，完全有条件，也很有必要。

原载：《中华工商时报》2017年8月16日

追索海外文物应拒绝“拍卖式”回流

日前，英国坎特伯雷拍卖行强行拍卖了疑似圆明园流失文物“青铜虎蓥”，最终以41万英镑的价格成交。这一消息，引发文物界和舆论界高度关注，国家文物局表示强烈谴责。[①]

据介绍，这件“青铜虎蓥”具有3500年历史，疑似150多年前圆明园被抢文物。为此，国家文物局多次交涉，要求拍卖行遵守国际公约精神和职业道德准则，尊重中国人民的文化权益和民族感情，终止对该文物的拍卖，并呼吁国际友好人士共同抵制相关拍卖活动。遗憾的是，有关部门的严正交涉，未能阻止流失文物被拍卖的命运。

我国流失文物在海外被拍卖事件，时有发生，每一起都会引起公众广泛关注。这些文物绝大多数是国家积贫积弱时期被抢掠而流失，件件都浸染着屈辱的历史泪痕。随着国力不断增强，让海外文物“回家”，成了国人的强烈愿望。而拍卖机构为一己私利，恣意利用国人的爱国情感进行炒作，将每一件文物都拍出天价。

珍贵文物流失海外，一直是国人的心头痛。据联合国教科文组

---

① 参见：“中国新闻网”2018年4月14日。

织2006年公布的数据显示，我国流失海外文物多达164万件，其中，圆明园流失文物占绝大多数，有100多万件，数量惊人。让尽可能多的海外文物回流，是我国文物管理工作的长期目标。

目前，文物回流主要有四种方式：商业回购、依法追索、政府间谈判和捐赠。由于种种原因，商业回购成了文物回流的主要方式。商业回购，其实就是在海外通过商业拍卖，使拍得文物回流。多年来，我国一些爱国人士，就是通过拍卖方式，花巨资将在海外拍得的珍贵文物赠送给国家，他们的义举令人感动，值得铭记。

但是，让流失文物通过拍卖回流，似乎走进了死胡同。主要是海外拍卖机构，利用国人的爱国情感肆意炒作，致使文物价格飙涨，文物回流代价越来越大。而海外市场价格飙涨，会刺激国内文物犯罪，反过来对国内文物安全构成威胁。与此同时，国有机构参与此类文物商业拍卖，还会使外界误认为中国政府认可其合法性，从而为未来可能的法律追索留下隐患，有关部门对此不可不察。

因此，我国追索海外流失文物有必要改变策略，应拒绝“拍卖式”回流。即，明令禁止国内任何组织、个人参加涉及我国被抢掠而流失文物拍卖活动，禁止我国拍卖机构与相关海外拍卖机构的一切合作交往，严禁国内所有博物馆以任何方式收藏、收购海外拍得的流失文物，并严禁此类文物在国内参加展览、公开拍卖。这样，才能让“敲竹杠”式卖家和拍卖行死心，给依法追索和政府间谈判留下更多空间。也只有这样，更多流失海外的珍贵文物，才能有尊严地“回家”。

原载：“红网”2018年4月15日[①]

① 转载：《城市金融报》2018年4月19日。

“救命药”降价呼唤“中国速度”

一部热映影片《我不是药神》，引起大家对进口抗癌药价格的广泛关注。根据国务院决定，从今年5月1日起，以暂定税率方式将包括所有具有抗癌作用的生物碱类药品以及有实际进口的中成药进口关税降为零，并降低增值税。但是两个月之后，仍然有不少患者反映，他们使用的抗癌药品价格并没有降低。①

癌症是人类健康的第一杀手，抗癌药被称为“救命药”，名副其实。由于研发水平较低，我国抗癌药大多需要进口。抗癌药研发难度大、周期长、投入多，普遍价格较高，再加上关税等因素，我国患者实际使用的抗癌药品价格畸高，是不争的事实。为了减轻患者负担，国家将抗癌药进口关税降至零，无疑是广大患者的福音。

不过，国家降税政策实施两个多月，进口抗癌药价格仍然未见实质性降价，患者负担依旧，得不到半点实惠，原因何在？据记者调查，相关医院表示，癌症药品并不是由医院定价；药监局也认为，药品降价不是他们的管理范围；而有关专家则说，这种情况存在多方面原因，关税和增值税政策落地需要时间，且药品价格与供

① 参见：“央广网”2018年7月8日。

求关系有关。

上述原因或许不无道理，问题是，与一些患者急需抗癌药救命的现实相比，这些理由显得冷酷无情，苍白无力。由于进口抗癌药价极高，部分无经济能力支撑的患者，或是减少使用，或是停止使用。可以说，抗癌药早一天降价，无异于是在与死亡赛跑，让更多的患者能正常用药，就可能多延续一些人的生命，给更多家庭带来希望。

我国改革开放四十年，社会经济发展速度令世人称奇，“中国速度”已成国家标签之一，也是一些国内企业走向世界的制胜法宝。遗憾的是，“中国速度”更多的是体现在经济建设方面，而在行政服务改革和效率方面，仍有许多亟待改进之处，进口抗癌药零关税政策实施两个多月，患者用药负担“涛声依旧”，就是最新例证。一项惠及广大百姓的关税政策要落到实处，过渡期越短越好，否则，长期停留在“福音”层面，如画下充饥的饼，成不了百姓实惠，既让群众获得感打折扣，还会消解政府惠民政策的严肃性。

值得欣慰的是，据7月8日央视记者最新报道，国家医疗保障局正积极落实抗癌药降税后的后续措施，督促有关部门推动进口抗癌药加快降价，让群众有更多获得感。对此，有网友认为这是电影《我不是药神》热映引发的“良性互动”。但无论如何，抗癌药大多靠进口的当下，有关部门需要刷新观念，主动作为，急患者所急，用举世公认的“中国速度”，将关税优惠早日变为患者实惠，这是满足百姓对美好生活追求需要，也是深化药品审批制度改革应有之义。

原载：“红网”2018年7月9日[①]

① 转载：《民主与法制时报》2017年7月12日。

“半夜鸡叫”式营销当休矣①

“7月12日凌晨3点，官方微博发布抽奖信息，十一分钟完成抽奖全过程，随后删除抽奖页面。”近日，中国移动山西公司官方微博发布的抽奖活动，因为“发得蹊跷、删得异常”，引起了用户和媒体的关注，很多人对抽奖活动的公平性产生了质疑。②

据了解，“半夜抽奖”活动还不止搞了一次，抽奖奖品有一百元话费充值卡以及明星旗舰手机。一百元话费充值卡的抽奖每次都是白天开始，有两天参与时间，而奖品是名牌手机的抽奖活动却都是“半夜鸡叫”，且只有约十分钟的参与时间。记者查阅有关抽奖活动规则时发现，“半夜抽奖”后删除相关微博，也违反了“活动结束三个月内均不可删除”的规定。

用抽奖来吸引公众，在竞争激烈的市场环境下，是常见的营销方式，无可厚非。常识而言，抽奖营销活动，为了实现品牌利益最大化，均会预留足够的时间，争取最多公众参与，且在最多人关注的情况下开奖，以实现营销活动影响最大化。而上述公司抽奖信息发布搞

① 原标题为：“半夜鸡叫”的鬼鬼祟祟式营销当休矣。

② 参见：“中国经济网”2018年7月21日。

突然袭击，“半夜”开奖，生怕别人知道，把本应光明正大的抽奖营销，搞得鬼鬼祟祟，见不得光似的，令人大开眼界，又匪夷所思。

移动公司，作为我国最大的移动通信服务运营商，其服务链接着数亿用户，服务质量高低直接影响用户的体验。随着社会经济的快速发展，以及适度竞争格局的出现，移动通信服务内容日渐丰富，技术日臻先进，服务水平和质量不断提高。但是，毋庸讳言，整体服务质量与公众期待仍有差距，常被人诟病，不时招致媒体曝光。

运营商把本应公平公正的营销活动，设置得套路深深，被戏称为“鬼鬼祟祟”式营销，其实并不鲜见。如：“不限流量套餐”，看上去很美，但用户购买后才发现要限速；“携号转网”政策早已明确，但用户办理转网仍障碍重重；电话推销的所谓增值服务，说得天花乱坠，实则陷阱重重，“宽进严出”，开通容易取消难，用户一不小心就会“被服务”……“半夜鸡叫”抽手机，不过是最新事例罢了。

“鬼鬼祟祟”式营销，说白了就是心里有“鬼”的营销，他们把优惠、奖品当噱头，把用户当冤大头，甚至不惜与民争利，以抽奖谋私利，称之为欺骗式营销，亦不为过。究其原因，还是服务诚意欠缺和监管之手乏力所致。进入新时代，通信运营商要多抬头仰望“上帝”，少低头盯住“孔方兄”，举办营销活动，要多点诚意，少点忽悠；多点阳光，少点套路。“鬼鬼祟祟”式营销当休矣。

原载：《梅州日报》2018年7月23日

正当防卫的边界究竟在哪里?

8月27日，江苏省昆山市震川路于海明致刘海龙死亡案，备受社会舆论关注。昆山警方经过缜密侦查，并商请检察机关提前介入，于9月1日确认于海明的行为属于正当防卫，不负刑事责任，公安机关依法撤销于海明案件。而关于正当防卫的边界争议，却引发了人们广泛思考。

我国《刑法》规定，公民为了使国家、公共利益、本人或者他人的人身、财产和其他权利免受正在进行的不法侵害，而采取的制止不法侵害的行为，对不法侵害人造成损害的，属于正当防卫，不负刑事责任。“正当防卫明显超过必要限度造成重大损害的，应当负刑事责任，但是应当减轻或者免除处罚”；“对正在进行行凶、杀人、抢劫、强奸、绑架以及其他严重危及人身安全的暴力犯罪，采取防卫行为，造成不法侵害人伤亡的，不属于防卫过当，不负刑事责任”。

从上述法律条款看，正当防卫针对的必须是正在进行的不法侵害，且防卫不能超过“一定限度”。可是，当人们面对不法侵害时，在高度紧张、孤立无援，如何把握防卫“限度”是十分困难的，特别是在侵害方人多势众、手握凶器、情况危急的情况下，要求被侵害者理性、有分寸地还击，几乎是不可能的。这样的“高标准”“严要求”，等于把正当防卫者当成按程序运行的机器人，把正当防卫当成技术活，否则，极易超过“一定限度”。

有研究者从226份涉及正当防卫案件的判决书中发现，其中绝大部分判决不构成正当防卫或防卫过当，只有6%被认定为正当防卫，司法认定十分苛刻，有人戏称正当防卫为“僵尸条款”，道理就在这里。有专家据此建议，公民遭不法侵害时最有效的防卫就是“跑”，问题是，紧急关头，当事人即使没有受伤，腿都可能被吓得发软，跑不动、脱不了身该咋办？要正当防卫的公民当“跑男”，不是“站着说话不腰疼”是什么？

近年来，一些涉及正当防卫的案件引发较大争议。这与相关法律条款过于概括有关，与司法机关裁决时“瞻前顾后”有关，也与对正当防卫授权不足有关。正当防卫，是国家将垄断的救济权利让渡给个人，允许公民在紧急状态下，利用个人力量保护合法权益。这种授权过大，容易造成社会失序；授权过小，阻吓犯罪作用微乎其微，不利于公民保护合法权益，正当防卫时，一不小心就会超过“一定限度”，遭受牢狱之灾。

从我国多年司法实践、媒体舆论和民意，以及“昆山反杀案”引发争议看，目前刑法规定的正当防卫授权不是过大，而是偏小，立法机关有必要进行研究，给正当防卫“扩权”。特别是被侵害方寡不敌众，或者侵害方首先使用凶器的情形下，将被侵害人的正当防卫明确为特殊防卫，其造成不法侵害人伤亡的，不负刑事责任。只有这样，正当防卫才能更有效地阻吓犯罪，司法正义才能得到更好的彰显。

原载：《中华工商时报》2018年9月10日

公司起名别把“恶搞”当“创意”[1]

近日，前年因名字长达39字而走红的“宝鸡有一群怀揣着梦想的少年相信在牛大叔的带领下会创造生命的奇迹网络科技有限公司”，由于管理不善，被陕西宝鸡食药监部门通报批评，要求其限期整改，引发媒体再一次关注奇葩公司名称。[2]

这家公司曾被网友称为“史上最长名称公司”，注册成功后意外走红。公司名字长达39字，堪称奇葩。如此名称能在工商部门登记成功，也令人“脑洞大开”。当地工商部门工作人员曾回应，该公司“名字虽然奇怪，但没有违反《企业名称登记管理规定》”，名字只要合规，不包含“反动、淫秽、对人性侮辱等内容”，“没有字数限制”。

现有的《企业名称登记管理规定》，对注册企业名称要求不少于两个字，确实没有最多字数限制。这一规定的立法初衷是为了方便企业起名，秉持最小干预原则。遗憾的是，一些企业主把无聊当有趣，把恶搞当创意，有些地方工商部门教条化地理解“没有字数

---

① 原标题为：公司名长达39字，别把“恶搞”当“创意”。

② 参见：《南方都市报》2019年1月5日。

限制”，认为企业名称字数再多，也可以登记注册。此前，“云南妈妈说名字太长不容易被别人记住网络科技有限公司”顺利注册，长达39字的公司名称也注册成功。

颇具讽刺意味的是，“史上最长名称公司”的纪录很快被刷新，49字的公司“横空出世”。据媒体报道，福建南平注册了一家叫“政和五年因宋徽宗喜爱白毫银针龙颜大悦御赐县名香飘北苑穿越琅嬛福地政通人和玖佰年凤凰归巢茶业有限公司”。注册成功后，该公司法人代表在朋友圈晒出营业执照，洋洋得意：“注册史上最牛、全球名称最长的公司，是给自己的生日礼物。”并称，“49字太少，我希望是900字！”问题是，49字可以注册，59字、上百字，甚至更多字数的公司名称，是否也可以堂而皇之注册？长此以往，公司名称不是没有最奇葩，只有更奇葩？

实施商事制度改革以来，注册一家公司变得越来越简单，特别是注册资本由实缴制改为认缴制后，开公司门槛已降至最低。但公司名称注册登记依然是十分严肃的事情，注册奇葩名称公司，既不便己更不便民，纯粹为“赚眼球”，“恶搞”意味不言自明，是对法规的轻慢。工商登记机关不应让他们浑水摸鱼，应该理直气壮怼回去。

值得注意的是，越来越多的奇葩公司名称申请登记，说明相关规定确有模糊之处，让恶搞者有漏洞可钻，立法部门应该给企业名称登记制度打打“补丁”，堵堵漏洞。特别是对公司名称字数，有必要作出明确的限制性规定，以防博眼球为乐的“恶搞式”注册再现，维护法规的准确性和严肃性。

原载：“红网”2019年1月6日[1]

---

① 转载：“人民日报客户端”2019年1月6日。

每一则灾害预警都值得敬畏

4月11日21时许，深圳瞬间暴发强降雨，短时暴发的雨水冲入正在作业的暗渠，导致罗湖、福田辖区三个点位进行清淤作业的11名工人，被雨水冲走致死。13日凌晨，深圳市应急管理局发布通报称，11日20时，深圳气象局发布大风黄色预警，20时10分在全市发布暴雨黄色预警。市三防办立即通过省三防责任人系统向全市三防责任人发布应急响应。预警发出时间，与三处清淤作业人员伤亡事故之间，存在一个多小时的间隔。①

每到雨季，城市暗渠“吞人”事件偶有发生，但一次吞噬11名施工人员生命实属罕见，令人痛心。从上述通报看，气象部门发布的灾害预报准确，应急部门响应及时，暴雨实际发生是在预警发布1小时后。换句话说，假如正在现场清淤的工人第一时间收到撤离命令，至少有1小时时间回撤，而这足够他们撤到安全地带避险。

遗憾的是，11条生命被随后而来的暴雨冲走，一并带走生的希望。这宗事故，看似天灾，实则有人祸的成分；貌似意外，其实有渎职的魅影。现代城市管理已进入大数据时代，对各种自然灾害的

① 参见：“新华社”2019年4月13日。

预报、预警、应急响应的技术水平，与往日不可同日而语。一些惨剧之所以发生，与人们对灾害预警缺乏足够的敬畏息息相关。

我国早已实行灾害预警制度，对暴雨预警统一分四级，分别以蓝色、黄色、橙色、红色表示。预警信号最低为蓝色，最高为红色。应急部门发出暴雨黄色预警信号时，辖区内责任单位有义务转移危险地带的人员到安全场所避险。像深圳此次遭遇的短时强降雨，应急部门发出暴雨黄色预警后，依照规定，建设、施工、监理等单位，理应第一时间将预警有效传达至前线作业人员，并采取断然措施，迅速组织撤离危险地带作业的工人。但是，由于责任单位漠视灾害预警信号，贻误宝贵的撤离时机，最终酿成惨祸。

对自然灾害实施预警，是世界通行的防灾减灾最有效的手段。无数教训和经验证明，敬畏每一则灾害预警信息，按规则行事，未雨绸缪，才能将灾害可能带来的生命和财产损失降到最低。因此，从这个意义上说，敬畏灾害预警信息，就是敬畏自然，敬畏规则，敬畏生命。古今中外，概莫能外。

当前，我国城市化进程加快。由于规划滞后，各大城市排洪、排污暗渠普遍难以承受暴雨考验，对暗渠进行清淤、提质改造，是许多城市当务之急。但是，任务再难再紧急，也要敬畏每一则灾害预警信息。这是11条鲜活生命换来的血色警示。

原载："红网"2019年4月16日[1]

① 转载：《山西青年报》2019年4月18日。

“有奖抓鼠”，得不偿失

连日来，江西赣州章贡区一则“有奖抓鼠”公告，引起社会广泛关注。公告称，自9月1日起，章贡区将开展“全民灭鼠”活动，并将按照每只5元的标准予以奖励。凡在辖区捕捉到老鼠的居民，可到附近村、社区居委会，由工作人员现场认定后，立即兑现奖励。①

官方给“灭鼠领奖”设定了门槛，禁止虚报、冒领、倒卖、重复领奖等行为。新浪微博上，“抓一只老鼠奖励5元”的话题阅读量已近250万人次，且关注度持续上升。有网友调侃“章贡鼠贵”，指日可待。

老鼠是“四害”之首，可向人类传播数十种疾病。长期以来，灭鼠是各个城市“创卫”和“创文”工作内容之一。不过，通过“有奖抓鼠”来灭鼠，值得商榷。

首先，不管你承认与否，灭鼠是一门科学，并非人人可熟练掌握。市民普遍灭鼠经验有限，假如不当使用鼠药，容易造成意外事故。而各式各样的“笨办法”抓鼠，还会加大市民被传染疾病的风险。

---

① 参见：“中国新闻网”2019年8月31日。

其次，“有奖抓鼠”之下，必有“勇夫”。“勇夫”们醉翁之意不在鼠，在乎奖金。他们或弄虚作假，虚报重报；或当“二道贩子”，“倒卖”老鼠。难免出现“人情鼠”“关系鼠”“外地鼠”，让人难以甄别，不胜其烦，有奖金被“鼠辈”瓜分极可能是高概率事件。

第三，持久战才是灭鼠的终极之路。老鼠繁殖力极强，灭鼠不可能毕其功于一役。问题的关键，是动员广大市民与政府同心协力，整治好大家的工作、居住、休闲环境，不留卫生死角，铲除老鼠生存繁殖的土壤。这项工作，需要长期投入，接续治理。“有奖抓鼠”活动，显然无法根除鼠患。

由此看来，是否“章贡鼠贵”，有待观察，而“有奖抓鼠”政策的科学性、可行性、有效性却令人怀疑。设想一下，为了5元奖金，有多少市民会郑重其事地与老鼠“斗智斗勇”，抓到后再密封包装好到指定地点领奖？其实，像鼓励市民抓鼠、灭蟑螂、捡烟头的奖励政策，在一些地方曾经施行，但效果不如人意，最终半途而废。“有奖抓鼠”也一样，儿戏有余，严谨不足，得不偿失。

原载：“红网”2019年9月1日[①]

① 转载：浙江卫视2019年9月1日。

为市民纠错也应该“最多跑一次”

2016年，在海口生活工作多年的许先生准备购买婚房时，发现自己名下有一套在三亚的房产，要买房得按二套房操作。由于无法提供首套房证明，首付款至少70%，税费也要额外增加，许先生不得不打消买房的念头。①

据了解，早在2000年，三亚市经济适用房开发公司将位于河东区二环路丹州小区的C型C某栋某房，置于许先生名下。该房屋84.44平方米，于当年7月31日在三亚土地房产局办理了房产抵押登记手续。许先生确认，文件上的签名和手印，都是别人假冒的，自己根本没有办理过购房手续，是“被购房”。

为了纠正“被购房”，许先生前前后后找了三亚土地房产局、辖区派出所、办理购房贷款的银行、市经济适用房开发公司、市国资委等等，反复折腾三年，仍然看不到解决的希望。上述部门，要么强调事不关己，要么表示无能为力，要么建议去法院起诉……万般无奈，许先生只好求助媒体。

值得关注的是，“被购房”并非个案。随着数据共享升级，政

---

① 参见：《海南特区报》2019年4月27日。

府部门信息互通逐步成为现实，市民“被××”越来越多浮出水面。如：“被购车”“被老板”“被贷款”“被逃税”“被诉讼”等，引发媒体关注，今年央视《焦点访谈》就曾报道“被老板”乱象。这与以往信息不对称相关，或是被别有用心者钻空子，或是办事人员审核不严导致，或是市民个人信息泄露所致。但不管如何，当事人都是受害者。

从媒体报道看，由于发生时间长、政策变化大、牵涉部门多，市民要求纠正“被××”的错误难上加难，生活、工作备受影响。许多案例，媒体披露引发舆论关注后，有关部门“高度重视”，问题才得以迎刃而解。

近年来，各地依托互联网打造服务型政府，简化办事流程，减少提供资料，“最多跑一次”成了市民办事的“标配”。不过，遗憾的是，“最多跑一次”只适用办理常规事项，像纠正“被××”这样的特殊事项没有得到重视，推诿扯皮时有发生，当事人备受折磨，这显然有悖政府“便民、高效”的服务宗旨。

急群众所急，办群众所需，是政府施政的基本要求。不管“被××”之类的乌龙如何发生，纠错却是受影响市民的当务之急。因此，有关部门有必要将此列入“最多跑一次”事项，提高纠错效率，让市民早日消除烦恼。这是回应民意需要，也是打造服务型政府题中应有之义。

原载：“红网”2019年4月27日[①]

① 转载：《梅州日报》2019年4月29日。

领导要带头休假

近日，中共云南省委组织部研究制定了落实“基层减负年”六项措施，通过实际行动让干部“轻装上阵”。其中，引人关注的一项措施是：要求部领导带头休假，处室每年休假人数不少于80%，力争做到全员休假。[①]

今年是中央确定的“基层减负年”，各地为此出台了许多“挖文山、填会海”的具体举措，让基层干部有了切切实实的“减负感”。但是，把领导带头休假列为“基层减负”措施，云南省委组织部可谓别出心裁，值得肯定。

近年来，基层干部反映加班多、休假难，已成媒体报道热点。日常工作层层加码，周期性重点工作如约而至，突击任务一个接一个，“五加二”“白加黑”在一些单位已成常态，“带薪休年假”更是如镜花水月。据记者调查，休假难具有普遍性。不仅普通公职人员，基层单位的领导干部同样“压力山大”，休假得不到保障。去年6月，《人民日报》曾刊发评论，呼吁“让休假成为惯例”，认为一个好的领导，“自己要带头休假”，也要“合理安排员工休

① 参见：“人民网”2019年6月2日。

假”，表明休假难已引起更高层次的关注。

其实，休假远非“惯例”那么简单，而是涉及公民基本权益。《中华人民共和国宪法》第四十三条规定，劳动者有休息的权利。《公务员法》《劳动法》，以及各单位与员工签订的《劳动合同》，也明确劳动者享有休假权利。也就是说，大到宪法，小到劳动合同，休假都是劳动者的法定权利。休假面前人人平等，领导干部作为单位职员，自然享有休假权。

遗憾的是，如此神圣的休假权，却被长期漠视。观念上，“舍小家顾大家”一直被看作是天经地义的，而正常休假很可能被当成是缺乏大局观的斤斤计较者；实际上，由于一些单位领导经常不休假，造成普通职员的休假权也得不到重视，假期往往被“短斤缺两”。

统而言之，职员休假难，“病”在基层，根在领导。列宁早就说过，不懂得休息，就不懂得工作。进入新时代，领导干部要与时俱进，转变观念，尊崇宪法和劳动法，在统筹好总体工作的同时，带头休假是应有之义。由此看来，云南省委组织部的上述举措，用心良苦，针对性强，一举多得。从这个意义上说，带头休假的领导才是好领导。

原载：《河南日报》2019年6月4日

年份酒的真相不容“勾兑”

日前，成都一名律师花了61996元购买了“五十年陈年茅台”“三十年陈年茅台”各两瓶。不久，发现这四瓶高价酒是茅台公司用十五年酒龄的基酒勾兑而成的，遂以涉嫌虚假宣传等理由，将贵州茅台酒股份有限公司及当地销售公司告上法庭，要求“退一赔三”。[①]

据了解，一瓶普通飞天茅台的市场指导价为1499元，而五十年陈年茅台和三十年陈年茅台的价格分别为18999元和11999元，价格悬殊，秘密或许就在一个“陈”字。像茅台这样的酱香酒，越陈越香、越陈越贵已成共识，这种酒也叫年份酒。一般而言，所谓年份酒是指窖藏的时间，年份时间越长，香味越浓，口感越醇，价格也越高。

茅台不是最早提出“陈酿”概念的白酒，却最早推出“年份酒”。2004年就推出了十五年、三十年、五十年、八十年的年份酒，白酒市场为之一振，随后跟风白酒品牌越来越多，年份酒越来越热，也越来越乱，甚至出现了成立不足五年的酒厂，却推出二十年

① 参见：“人民网”2019年6月9日。

陈酿酒的奇葩事。

有业内人士向媒体透露，当下市场上的年份酒，几乎都是陈年基酒勾兑而成，因为窖藏三十年以上的陈酒，几乎没有饮用价值，消费者根本无法接受。年份酒只是个炒作概念，成了吸引消费者的噱头，而贴上年份酒的标签，价格就可以翻几番，何乐而不为？至于酒的真实窖藏年限，只有天知、地知、酒知。茅台年份酒，就是在这种背景下被消费者告上法庭的。

年份酒作为市场宠儿，其真实窖藏年份本不应成为“商业秘密”，更不容企业任意“勾兑”，想多少年就“勾兑”成多少年。这不仅涉及酒的品质和价格，更涉及消费者知情权以及企业、商家的诚信，还可能涉嫌虚假宣传和不公平竞争，值得各方深思。

在欧美国家，对年份酒有严格的限制，法律规定：自酒蒸馏之日起，根据在橡木桶中储存年限不同，有不同叫法。储存两年半以上的可以叫VO、VS，储存八年以上的叫XO，而人头马路易十三酒龄在四十年以上。同时，允许不同储存年份的酒相互混合，但混合后只能按最低酒龄来分级。

遗憾的是，我国对年份酒并未出台统一标准，这显然是年份酒乱象频仍的重要原因。据悉，在社会各界多年呼吁下，有关部门启动年份酒标准制定工作已有一段时间，但“只闻楼梯响，不见人下来”。如今，茅台年份酒被诉，能成为加快制定年份酒统一标准的“催化剂”吗？大家不妨拭目以待。

原载：“红网”2019年6月9日①

① 转载：《民主与法制时报》2019年6月11日。

让环卫工人"走正步"也是一种形式主义

7月11日，一段"山西忻州环卫工人走正步"的视频，引发网友热议。视频中，约60位男女环卫工人排成队列，身穿橘红色工作服，踏着激越的进行曲节拍，在公路上高喊"一二一"走正步。忻州市容环卫处副处长赵海东回应记者称，"走正步"始于去年底，刚开始每天训练，今年"五一"后每周训练一天，一般不超过两小时，是为了增强凝聚力。

检索近日忻州天气，白天气温在30摄氏度左右。这种天气下，如果在公路上出现一队操练"走正步"的部队官兵，或大学生，或公安干警，或专职保安等，人们大多会投以赞许的目光。而一众年龄偏大的环卫工人，在公路上汗流浃背、正儿八经地"走正步"，左看右看，都有满满的违和感。

根据官方的说法，此举是为了增强环卫工人的凝聚力。凝聚力是一个团队维持战斗力的必要条件，重视团队建设，增强凝聚力是应该的。问题在于，环卫工人"走正步"，果真能增强凝聚力吗？答案恐怕没那么简单。

首先，"走正步"额外占用了休息时间。环卫工人基本上实行责任区包干制，类似于计件取酬。按理说，他们完成了责任区域清扫任务，就可以回家休息。而操练“走正步”时，只能在完成本职工作前后参加，不得不牺牲正常休息时间。

其次，增强凝聚力的方式很多，“走正步”得不偿失。如提高政治待遇和生活待遇、减轻劳动强度、关爱身心健康、参观学习活动、维护合法权益等，都是增强凝聚力行之有效的途径，也是备受欢迎的方式。想靠“走正步”来增强环卫工人凝聚力，看似严格要求，实则变态折腾，适得其反。

最后，假如“走正步”能增强凝聚力，为何只有一线环卫工人参加，不见单位其他员工（特别是党员领导干部）的身影？是其他员工思想觉悟很高，还是他们通过别的方式（如外出参观旅游）来训练？如此区别对待，主事者即使没有歧视环卫工人的初衷，也难以自圆其说，令人反感。

当下，环卫工人工作环境较差，劳动强度大，加上普遍年龄偏大，文化水平偏低，工资待遇不高，需要社会更多的理解、支持和关爱。环卫工人不是纪律部队职员，要求他们在炎炎夏日上路“走正步”，实在荒腔走板，望主事者三思而改之。

原载：《新京报》2019年7月14日[①]

① 转载：“人民日报客户端”2019年7月14日、《山西青年报》2019年7月15日。

垃圾分类不妨少点“烧脑”

8月9日，福州市一位妈妈在垃圾站倒垃圾时，因垃圾分类“太投入”，弄丢了不到三岁的女儿。所幸，有好心市民发现该小孩后报警，警方寻到后，将其交还给那位粗心的妈妈。

在一些城市大力推广垃圾分类试点之际，这一新闻颇有些“黑色幽默”。一方面，垃圾分类投放在部分城市如火如荼开展，受到广大市民的关注、支持；另一方面，垃圾分类是新鲜事物，有市民不熟悉、不习惯，垃圾分类时，聚精会神，生怕弄错，由于“太投入”，顾此失彼，因小失大，弄丢了自己孩子，令人哭笑不得。

其实，严格说来，这则新闻有“标题党”之嫌，是蹭垃圾分类热点。垃圾分类与孩子，孰重孰轻，不言自明。倒垃圾时把孩子弄丢，只能说明孩子妈妈是个“马大哈”，孩子走失要垃圾分类背锅，不合情理。但是，垃圾分类太“烧脑”，市民不得不投入精力区分，倒是值得重视的问题。

根据国家住建部统一部署，目前有46个城市试点垃圾分类，这些城市均已公布了实施方案。从已实施城市看，垃圾分类及投放安排，引发部分公众吐槽。主要意见有三：一是对分类的科学性存疑，一些垃圾难以简单区分类别，甚至出现一杯未喝完的奶茶不知如何投放才合规的尴尬；二是垃圾细分项目过于仔细，市民无所适从，这些细目少则100余项，多则1800项，让人眼花缭乱；三是部分垃圾收集站点偏离居住密集区，周边照明等配套设施不足，给市民投放带来困难。

从垃圾减量化以及物尽其用要求看，各城市因地制宜将垃圾分类，并提出分类细目，是应该的。不过，从媒体报道看，认为垃圾分类过于繁杂的声音不绝于耳，市民稍有不慎，就可能因放错垃圾桶遭到处罚。

垃圾分类，利国利民。但推广垃圾分类不可能一蹴而就，各地务必要秉持以人为本施政理念，从长计议，周全实施，尽量将分类工作科学化、简便化、人性化，让市民进行垃圾分类时，少点“烧脑”，多些便利。只有这样，才能将好事办巧、办好，从而赢得更多市民的支持，尽早达到预期效果。

原载：《河南日报》2019年8月15日[①]

① 转载：贵阳电视台2019年8月15日。

“厕所革命”须去除形式主义“异味”

6月19日，农业农村部、国家卫生健康委、市场监管总局三部门联合发布《关于进一步提高农村改厕工作实效的通知》，要求改厕需要在尊重农民意愿的基础上，找准适用的技术模式，不能简单照搬照抄，不能把改厕简单当作改水冲式厕所；同时，不能搞“数字改厕”，避免“把没改完的当改完了”，也不能简单以“发钱”或“发厕具”代替改户厕。①

今年是农村改厕三年行动收官之年，从完成情况看，各地累计投入不菲，但在部分地区，仍存在不少问题，群众满意度不够高，离实现总目标差距不小，“厕所革命”仍然任务艰巨。上述三部门联合发文督导，显然有很强的针对性和紧迫性。

“厕所革命”，是提高我国人居环境质量，提升人民健康水平的重大举措，其工作重点、难点是广大农村公厕和农民户厕的改造。开展“厕所革命”以来，在各大城市和旅游景区改厕工作进展顺利，成效显著，在农村地区则差强人意。原因有很多，而改厕工作存在的形式主义“异味”，是不容忽视的因素。

---

① 参见：《新京报》2020年6月20日。

从媒体报道看，这些“异味”主要体现在以下方面：一是中看不中用的“尬厕”多地可见，有修建好的厕所，四周没墙、上面没顶，只是随意安个蹲便器；有的修建在远离村民居住地，远厕解不了近急；有的没有配套冲水系统，臭气熏天，苍蝇横飞。二是“数字改厕”现象突出，为改建而改建，如北方某县有个村庄仅二十来户人家，却修建了八十多个蹲坑，户均超过四个；三是个别村庄建起“豪华公厕”，与附近村民房屋相比，显得突兀、扎眼，让人“别有一番滋味上心头”。

究其原因，是个别地区指导思想出现偏差，不是把“厕所革命”当作民生工程，而是当成“面子工程”“政绩工程”，不顾社会经济发展状况，漠视村民生活习惯，罔顾农民真实意愿，生搬硬套，搞“一刀切”，一味求进度、讲数量，看似完成任务，数字“漂亮”，结果耗资巨大，却事倍功半，遗憾不少。

小厕所，大民生。“厕所革命”事关广大农民身体健康，事关美丽乡村建设大战略，事关政府以人为本施政理念，容不得敷衍了事，务必去除形式主义“异味”，让“厕所革命”回归初心，充分尊重农民意愿，因地制宜，分类施策，精打细算，提高改造质量，不断增强农民的参与感和幸福感。

原载：“红网”2020年6月20日①

① 转载：《梅州日报》2020年6月22日。

解决民生问题不能总靠“电视问政”

9月10日晚，山东广播电视台《问政山东》直播节目，问政威海市政府。节目曝光了四个问题：一是威海高铁南站客运中心落成五年，汽车客运站仍未搬迁进驻，给有换乘汽车需求的旅客带来很大不便；二是有关部门互踢皮球，电动车充电桩无法进小区，十五个政府部门联合下发的文件形同一纸空文；三是同一部门三个科室互推责任，新建棚户小区不通水电，百姓装修拉起“蜘蛛网”；四是经开区一烂尾楼十年无人管，钱房两空的老百姓投诉无门。[1]

上述四个问题，均事关市民切身利益，属重大民生问题。节目组通过记者暗访，就问题涉及的政府部门和工作人员，采集了大量视频资料，掌握了充分证据。节目主持的追问“辣味”十足，直抵问题症结，直击观众“痛点”。现场接受问询的威海市有关领导，神色凝重，压力山大，态度谦卑，主动道歉，表示立行立改，并提出路线图、时间表，为解决问题带来转机。

这些严重影响民生的问题，有的已发生几个月，有的拖延十年之久。有些“老大难”问题，在他人眼中或许是一粒尘埃，迟早

① 参见：《人民日报》2020年9月11日。

烟消云散；而落在受影响市民头上，则是一座山，走投无路，备受煎熬。问题的发生总有各种各样的原因，解决起来也有程度不等的困难，但症结并不复杂，关键是有关部门的“冷漠症”“拖延症”所致。电视问政节目将这些问题曝光，就是要让主要领导在聚光灯下，直面问题，无法推托，接受监督，推动问题彻底解决。

电视问政，是近年来时兴的问政方式。从媒体报道看，各地通过电视问政取得一定成效。特别是许多民生问题，被问政节目曝光后，领导“高度重视”，立下军令状，整改立竿见影。但是，电视问政毕竟是一个电视栏目，播出频次、时间有限，不是解决日常繁多的民生问题的理想平台，接受问询的官员也无法绕开集体决策程序，否则有越俎代庖之嫌。

民生是为政之要。谋民生之利，解民生之忧，是各级政府工作出发点和落脚点。民生无小事，一些民生问题之所以拖成“老大难”，与相关部门失职不作为密不可分。解决民生问题，不能总靠“电视问政”，有关部门必须提高政治站位，拒绝本位主义，坚守民生情怀，依法施政，勇于担当，主动作为，这才是为政之要道。

原载：“红网”2020年9月12日[1]

① 转载：《梅州日报》2020年9月14日。

把50份政府文件当废纸，违法企业“底气”何来？

10月9日，第二轮第四批中央生态环保督察公开通报五起典型案件，其中包括四川省宜宾市江安县工业园区严重违法问题。督察组发现，该园区内的四川天竹竹资源开发有限公司任性到了极点，由于污染防治及环境管理措施不到位，臭气扰民问题突出，长期被周边群众举报，仅2018年以来，这家企业被群众投诉高达279次。[①]

据督察组透露，上述公司是一家大型造纸企业，近三年来，当地政府部门先后对其下达50份执法文件，其中：《现场环保监察意见书》32份、《责令改正违法行为通知书》9份、《行政处罚决定书》9份，要求企业整改存在的问题，但均未得到有效落实。直至今年4月，生态环境部现场检查指出问题后，当地才再次督促企业开展全面排查治理。

涉嫌环保违法，三年内被群众举报279次，依然我行我素；政府部门发出50份执法文件，被当废纸一堆，违法行为长期得不到有效纠正。一家企业遭到如此频繁投诉、收到数十份执法文件，却长期“平安无事”，令人不解，引人深思。

那么，企业违法的“底气”来自哪里？首先，或唯利是图意识

① 参见：《北京日报》2021年10月9日。

作祟。提升企业环境管理水平，需要投入资金、设备进行改造，自然增加经营成本。而为了实现自身利益最大化，有的企业眼里只有“孔方兄”，将群众利益和社会责任置之脑后，见利忘义，甚至不惜以身试法，屡犯不改。

其次，或以“贡献大”要挟政府。一些企业具有一定经营规模，对当地GDP、就业、税收、消费等有较大贡献，于是自诩高人一等，可以享有特权，要求执行环保政策时区别对待、打打折扣。而政府部门则“投鼠忌器”，不敢严正执法，发现违法问题，只好大事化小、小事化了。

最后，或有环保违法“保护伞”。有些企业之所以敢于蔑视法律，甚至顶风违法，很重要的原因是有“保护伞”。某些站在违法企业背后的人，手握权柄，或与企业有千丝万缕的关系，是名副其实的利益攸关方，对违法行为纵容包庇；或“吃人嘴软，拿人手短”，关键时刻网开一面，放人一马，成为环保违法的帮凶。

不过，企业违法的“底气”再大，也大不过国家神圣的法律，大不过广大群众最根本的利益，大不过国家环境保护重大战略意义。企业把50份政府执法文件当成废纸，目无法纪，胆大妄为，严重侵害人民群众切身利益，破坏当地政务环境，损害政府威信，是十分典型的环保违法案例，值得认真剖析，必须严厉查处。

值得注意的是，上述企业的违法问题在中央生态环保督察组介入后，才得以全面排查治理，说明当地政府及有关部门在环保执法方面存在不容忽视的问题：缺乏政治担当，有法不依，执法不严，违法不究，对中央环保督察有严重“依赖症”。这恐怕才是企业胆敢把50份政府文件当成废纸的真正“底气”所在。

原载：“红网”2021年10月10日 ①

① 转载：《民主与法制时报》2021年10月14日

游客“花海”看个寂寞，景区错在哪儿

近日，有网友发布视频称，“五一”假期自己前往山东青岛一牡丹园区观赏牡丹花海，结果牡丹园内空空荡荡，只有几朵花盛开，引发热议。有网友看了视频称，感觉还没有小区路边的绿化好看；还有网友调侃，牡丹花尚未“成年”就被迫营业了。①

视频显示，一牡丹园区内，大片的黄土裸露，种植的牡丹花绝大部分尚未盛开，只有几朵零星开着。拍摄者表示，三个人花了90元看牡丹，结果园内光秃秃一片，牡丹花还未盛开，看了个寂寞。另一位于4月30日去游玩的市民也向记者吐槽，他是在朋友圈里和微信群看到园区信息的，结果驾车50多分钟，一到现场就傻眼了，“压根看不到花海，当天是一肚子气”。

据了解，上述视频中的牡丹园区，是位于山东青岛的青岛牡丹百花园，占地200多亩。工作人员回应称，园区今年刚刚开始营业，由于气温下降等原因，导致花期推迟，确实影响游客体验。日前，景区官方微信号发布公告，向所有游客表达诚挚歉意。

牡丹园“花海没花”，只有“光秃秃一片”，委实大煞风景，

① 参见：“极目新闻”2022年5月4日。

令慕名而来的广大游客，“乘兴而去，败兴而归”，失望之情大可感同身受。在越来越注重旅游质量和游览体验的今天，兴致勃勃的游客在“花海”只看个寂寞，如此货不对板，明显有“坑人”之嫌，遭网友热议，不足为奇。

值得一提的是，景区善后工作还较有诚意。上述致歉公告显示，景区决定：凡在今年4月30日至5月15日内已购票的游客，可凭购票凭证于2022年内无限制次数免费入园参观。这些优惠举措，可以一定程度上安抚“看个寂寞”游客的“受伤心灵”，但消除由此带来的负面影响，任重道远。

事实上，气温偏低导致花期推迟，牡丹园的牡丹不可能在“五一”假期大面积开花，在可预测、可认知范畴，不属“黑天鹅”事件，景区完全有足够的时间采取应急措施，在小长假到来之前，通过各种有效方式通知已购票或拟购票游客，告知牡丹花延迟开花的事实，建议游客推迟前来赏花，或提供便捷退票服务，让游客少留些遗憾。

必须指出的是，牡丹园明明“没花”，景区还以此招徕游客，显然损害了游客作为消费者的知情权，是对游客缺乏基本尊重的表现。诚信为本、服务至上，是各景区经营发展的不二之道。舍此之外，漠视游客权利、患得患失、投机取巧、侥幸心理，都难免走弯路、摔跟斗，终将得不偿失。

原载：“东方网”2022年5月5日[①]

① 转载：浙江卫视2022年5月5日。

“共享”还是“共抢”，是共享经济“必答题”

最近，不少网友在社交平台吐槽，“共享充电宝刺客”往往易请难送，不时还会在归还后发动远程追击，来个99元扣款。在共享充电宝涨价的过程中，一度出现过每小时5元、8元甚至10元的产品。据媒体记者调查发现，不同城市、品牌共享充电宝价钱也不同，但涨价确实是大趋势。[①]

近几年来，共享充电宝涨价频频引发关注。早在2019年，“共享充电宝大涨价”就登上了热搜；2021年初，一些大城市公共场所大多数品牌的共享充电宝，租金从以往每小时1元普遍涨到3元，涨幅达200%；今年，不少城市的充电宝租金，从每小时3元左右涨到5—10元不等，最大涨幅高达200%。也就是说，仅两年左右时间，充电宝租金价格上涨了3—10倍，涨幅之大，令人咋舌。

正因为如此，共享充电宝涨价屡遭热议。一位经常租借充电宝的网友无奈地说：“一个月花在充电宝上的钱都有小二百了。”有网友遭遇“充电宝刺客”后调侃道：“这充电线流的不是电，是金子吧。”还有网友在景区租借每小时10元的充电宝后，惊呼“比特斯拉充电都贵”……

① 参见：“红星新闻”2022年8月20日。

值得注意的是，共享充电宝还有其他令人防不胜防的套路。套路一：缺乏明码标价，深圳消委会一项调查结果显示，95%的共享充电宝投放点都没有标明收费标准，消费者扫描二维码、同意协议和隐私政策，进行授权、注册、登录后，才能看到收费标准。套路二：租借容易归还难，同一品牌充电宝柜布局不合理，有的相距甚远，用后归还难度很大；大多充电宝归还时没有语音提醒，稍微不注意，可能被顶格扣费99元。

而更深的套路则是充电慢。有B站UP主发现，自己手机插上共享充电宝看视频，手机电量不增反减，经过横向测试，一款共享充电宝标注的输出电流为2.4A，实际输出电流为1.18A，连一半的数值都不到。另有网友充了两小时只充进去5%的手机电量，无奈自嘲“感觉充了个寂寞”。

事实上，共享充电宝“野蛮生长”引发的问题，早已引发关注。有媒体评论感叹，“明明是及时雨的暖男设定”，共享充电宝却变得越来越像“渣男”，如同“鸡肋”。共享充电宝任性涨价、套路多多，有悖商业伦理，有违共享初衷，遭到越来越多人嫌弃，恐怕已是不争的事实。

理论上，共享经济可以有效匹配资源，实现边际成本最小化、消费者使用便利化，成为数字化时代亮丽的“经济名片”。遗憾的是，从共享单车到共享充电宝，它们利用资本优势，低价进入，收割市场后持续涨价，如同“明火执仗”，似乎是共享经济领域的普遍规律，有沦为“套路”经济之虞。共享经济似乎正处在十字路口，“共享”还是“共抢”？值得反思！这不是一道“选择题”，而是必须做好的“必答题”，有关各方“作答”时千万不能“跑题”。

原载：“东方网”2022年8月22日[①]

① 转载：《城市导报》2022年8月25日。

警惕“预约办事”成为干部躲事儿“挡箭牌”

近日，最新一期的中纪委机关刊物《中国纪检监察》发文批“躲事儿”干部见事就躲，引起群众不满，贻误事业发展。文章提到，“无追求”是部分干部不想干事的重要原因，自嘲“佛系”“躺平”，对评优评先、政治进步、事业成就没有感觉，觉得干活就是混一个编制，心思根本不在工作上。①

文章指出，这些“躲事儿”干部认为，群众来办事是给自己添麻烦，给群众办事是恩赐；对群众困难视而不见，对群众疾苦漠不关心、麻木不仁、消极应付，就如曾被通报的黑龙江哈尔滨市道里区在每天可办理120个医保预约号情况下，未认真测算便决定每天发放60个号，造成群众办理医保事项必须连夜排队，在群众多次反映之后仍无动于衷。

据了解，上述案例发生在2020年8月，哈尔滨市道里区医保中心不顾疫情期间大量业务累积的实际，将每天可办理医保业务预约号减少一半，造成群众办理医保事项难。中心个别工作人员还与中介公司内外勾结，违规插队办理医保业务101件（次），收受好处费6300余元。

---

① 参见：《中国纪检监察》2023年5月22日。

同年12月23日，中央纪委国家监委公开通报6起问责典型案例，其中案例之一就是哈尔滨市医疗保障局局长杨某悦、市医保中心主任杨某等人，因推进“放管服”改革不力、放管结合不到位等问题被问责。

预约办理业务，是目前公共服务机构对外办理各类事项的重要途径，包括现场预约排号和电话、网上预约。这种方式，可以有效节省公众排队等候的时间，优化办事流程，提高办事效率，提升服务质量，得到社会广泛认可。

不过，在一些单位和部门，预约办事有“异化”倾向。即：为追求自身工作“轻松化”“舒适化”，罔顾群众实际需要，把预约排队当成办事“无形门槛”，堂而皇之将预约号数量设置最少化，无形中增加了群众办事的难度。换句话说，预约办事已然成为“躺平”干部“躲事儿”的挡箭牌。哈尔滨市道里区医保中心将每天办事预约号数量减半，就属典型案例。

值得注意的是，这种公共服务“异化”现象有蔓延之虞。环顾左右，实行预约办事之后，一些公共服务机构办事场所一改过去较为拥挤的状况，群众三三两两，工作人员办事慢条斯理，有时离下班还有很长时间，已经“无所事事”。究其原因，不是群众无办事需求，而是被有限的预约号这道“门槛”挡在门外。

由此看来，有关部门有必要对实行预约办事的公共服务机构来一次专项“体检”，在充分调研基础上，严格核验每天应当办理的业务量，核查其实际发放预约号数量的合理性，防止把预约办事“异化”成减少自身工作量、增加群众办事难度的“无形门槛”，坚决向“躺平”干部“躲事儿”说“不”！

原载：“东方网”2023年5月23日①

① 转载：浙江卫视2023年5月23日、《城市导报》2023年5月25日。

媒体“玩梗”应有度[①]

据报道，天猫最新发布的今年“双十一”消费榜单显示，排在男性消费前三的分别是公路自行车、电竞产品、冲锋衣，销量同比分别暴涨300%、3590%和90%，成为继去年茅台、钓鱼和始祖鸟之后的男人“新三宝”。同时，宠物狗的消费榜单显示，烘焙狗粮、狗奶粉和冻干零食增长最为迅猛，分别是85%、74%、58%，无论消费金额和增幅，没有一个干得过男人。[②]

上述榜单发布后，引发网友围观，议论纷纷。如：“看了下‘双十一’消费排行榜，男性消费终于超过狗了”“男人们这是用自己的实际行动强行‘挽尊’”“男不如狗的魔咒终于打破了”“感觉今年全中国的男人都在骑行”……有媒体以“真的没骂人！男人消费力首次超过狗”为题报道，并迅速登上热搜榜。媒体以“抓眼”标题报道，显然是在“玩梗”。

几年前，有一张流传很广的“神图”，图中一位“分析师”正一本正经看图说事，其背后屏幕显示，从电商购物节消费能力排行来看，“少女>儿童>少妇>老人>狗>男人”。于是，“男人消费力

---

① 原标题为：男人消费力超过狗？媒体“玩梗”应有度。

② 参见：“安徽网”2023年11月9日。

不如狗”，成为近年调侃男性消费者“小气”的“梗”。今年“双十一”消费榜表明，男人“扬眉吐气”，消费力大增，首次超过狗，并引发媒体关注。从“男人消费力超过狗”话题上热搜看，媒体博眼球、赚流量的目的已经达到。问题在于，如此“玩梗”，逻辑混乱，涉嫌歧视，令人反感。

首先，“男人消费力”与“狗”及其“消费力”，均无可比性，在逻辑上属偷换概念；况且，仅凭某电商“双十一”期间消费数据，也无法定义男性消费者线上线下全年度真正的消费能力，不足为据。其次，更为重要的是，以此类比，充满对男性消费者的不恭与轻慢。市场经济条件下，消费者无论男女均为“上帝”，无论购买商品数量多少、消费金额高低，任何人都应受到平等对待以及应有的尊重，不容搞性别歧视。

因此，媒体拿“男人”与“狗”作比，无论“抖机灵”还是“玩梗”，既不严谨，也不恰当，类似“标题党”，令人不快。值得注意的是，此前，拿男性消费者“玩梗”的是社交媒体和网友，且大多局限于留言区或朋友圈，上不得“台面”，大可以一笑置之。如今，一些网络媒体以“男人消费力超过狗”为题，戏谑男人“双十一”消费力爆表“翻身”胜过“狗”，看似轻松幽默、开个玩笑，实则类比不当、语义低俗，既不顾逻辑，也不讲文明，明显冒犯和伤害了特定消费群体。

网络时代，媒体寻求娱乐化表达无可厚非，适度“玩梗”也无伤大雅。但是，并非万物皆有“梗”，事事皆可“玩”，文明有规则，娱乐有底线，媒体“玩梗”应有度。

原载：“东方网”2023年11月10日[①]

① 转载：《城市导报》2023年11月16日。

案件破了还不信，真是“黑色幽默”？

北京某外企的卢女士，是留学美国七年的博士，回国不久，即被冒充领导的电信诈骗犯，骗走11万元人民币。几天后，广东民警致电说找回了钱，她死活不相信，认为又是一个骗局。因此她多次咨询北京警方。几个专业反诈骗的民警告诉她，电信诈骗案件破案率低，破案周期长，不太可能在一周内就破案，是骗子“连环骗”的伎俩。经破案民警多次诚恳地打电话解释，及刚好出差到北京的民警亲自去找到她本人说明情况，她才终于相信，自己被骗的11万追回来了。①

当下的中国，电信诈骗案猖獗人尽皆知，博士、教授被骗不足为奇，不时见诸报端。卢女士的遭遇被围观，网民大多讥讽她留美七年的书白读了。笔者看来，这一新闻的看点不是女博士被骗，也不在于她不信破案，而是北京警察不相信案件能如此快被破，多次提醒卢女士提防“连环骗”。这一情节，读来别有一番滋味上心头，充满了“黑色幽默”的味道。

卢女士被骗案能被破获，或许有偶然性。北京警方提醒她别信外地警方破案的消息，应该不是过于自信，而是有太多案例可资佐

---

① 参见：《南方都市报》2015年12月12日。

证。“连环骗”现象司空见惯，警察提醒无疑是基于经验，出于善意。不过，A地警方侦破B地案件，B地警方要求受害人别相信案件已被侦破的情节，实在有点“另类”，只能说骗子太狡猾，这类案件太多，连警方都被搞得“晕乎乎”的，以致“马失前蹄”，作出“黑色幽默”式的判断。

电信诈骗案的特点，是案件多发高发，影响范围广，案件难破，嫌疑人难抓，赃款难追。近几年，公安机关对电信诈骗活动的打击一直保持高压态势。但是，由于犯罪分子手法不断翻新，常常“道高一尺，魔高一丈”，被骗群众越来越多，损失金额越来越大，单个受害人最大被诈骗金额高达近4000万元，各地公安机关不得不投入大量人力财力侦破此类案件。

打击电信诈骗犯罪，采取“打防结合”策略是应该的，但应在“防”上多下功夫，让骗子在第一关就被大多数群众“拦截”。目前，通过媒体宣传报道来提高群众防骗意识，似乎效果有限。媒体播发的诈骗案新闻一般是影响大的典型案件，数量有限；受众也不可能天天盯住新闻；加上诈骗手段不断翻新，令人防不胜防。

为此，笔者建议，尽快设立全国性的防电信网络诈骗警示信息平台，统筹所有移动通信运营商，建立同一短号的发布平台（如“110防诈骗警示平台”），由公安部通过移动运营商，覆盖12.9亿手机用户，免费发送各地最新发生的诈骗案件短信息，让防骗信息与群众人人见、天天见，这不是比新闻媒体宣传，要全面、及时、有效得多吗？

警方对“黑色幽默”式的判断，应有所警醒，在案件通报及信息共享方面，有关各方还应有所改善。否则，再来一个“黑色幽默”，警察“蜀黍”就糗大啦。

原载：《南国早报》2015年12月13日

文创产品岂能打“擦边球”

随着文创产业迅速发展、规模持续扩张，全国人大代表、浙江省宁波市镇海中学党委书记张咏梅注意到，在优秀、多元文化产品涌现的同时，市场上部分面向未成年人的文创消费品中，出现了迎合低俗文化、暗含暴力倾向或“擦边”软色情等不良风气的苗头。①

为此，今年全国“两会”，张咏梅带来《关于进一步加强面向未成年人的文创产品市场监管和引导的建议》，建议进一步加强面向未成年人的文创产品市场监管和引导，为未成年人营造一个更为安全、健康的文化消费环境。她说：“若不及时加以适当干预和引导，放任此类产品蔓延开去，势必将对广大未成年人的身心健康造成难以估量的消极影响。”

近年来，问题文创产品确有蔓延势头，主要表现有：一是打“擦边球”文化衍生品越来越多，文具、玩偶、手办、贴纸、徽章甚至食品包装，都难逃暴力内容或软色情侵蚀；二是已形成设计、生产、销售完成整产业链，且文创周边产品繁多，产销两旺；三是销售多样化、便捷化，电商平台以及学校周边文具店、便利店、地

① 参见：《新京报》2024年3月10日。

摊等随处可见，应有尽有。

文创产品，一般指创意人借助现代科技手段，对文化资源、文化用品进行创造与提升，通过知识产权的开发和运用，进而生产出较高附加值的商品，具有观赏性、把玩性或实用性。市场上，许多创意十足、意涵丰富、特点性鲜明的文创产品，可以提升大众审美情趣，推动文化产业升级，深受广大消费者欢迎。

而那些打“擦边球”的所谓文创产品，旨在唯利是图，滥打文创旗号，污染文化环境，有悖公序良俗，涉嫌违反法规。我国《未成年人保护法》规定：“生产、销售用于未成年人的食品、药品、玩具、用具和游戏游艺设备、游乐设施等，应当符合国家或者行业标准，不得危害未成年人的人身安全和身心健康。”《治安管理处罚法》也有相应禁止性规定，还有明确的处罚措施。

打“擦边球”文创产品的危害不言而喻。心智尚未成熟的未成年人在如此消费环境下，很容易购买、接触到这些产品，不可避免会受到其不良意识潜移默化影响，导致身心成长产生偏差。社会各界对此应有充分认识，高度重视，以对未成年人健康成长负责任的态度整顿治理。

抵制、查处问题文创产品，各地监管部门责无旁贷。一方面，有关部门有必要开展专项整治活动，推进全产业链清理，斩断利益链，实现“一网打尽”；另一方面，应当着手系统整治，重视建章立制，廓清模糊界限，明确责任主体，强化源头治理，形成多方合力，杜绝打“擦边球”，为未成年人健康成长营造良好文化消费环境。

原载：“东方网”2024年3月11日[①]

① 转载：“人民日报客户端”2024年3月11日。

遏制网络谣言，不妨实行“溯源辟谣”

近段时间以来，有少数网络自媒体发布视频称，我国社会保险基金“几乎全部交给外资机构管理”，且被用于“买卖A股”，质疑社保基金成为“外资套利的工具”。经“中国互联网联合辟谣平台”向有关主管部门核实查证，前述言论均为不实信息。①

据核实，按照《全国社会保障基金投资管理暂行办法》，在社保基金境内委托投资中，目前选聘的18家均为境内投资管理人，没有选聘境外投资管理人；社保基金境外资产需委托境外投资管理人负责投资运营，但只能在境外投资，不能投资A股等境内资产。目前，社保基金境外资产占总资产的实际比例较小，远低于现行规定明确的比例上限。

综上所述，网传“把社保基金的钱，交给几乎全部都是外资机构（管理）”与事实严重不符，更不存在“让他们去买卖A股”“都成为外资套利的工具”的情况。为此，“中国互联网联合辟谣平台”提醒广大网民，网络谣言迷惑性大、蛊惑性强，面对各类信息务必保持清醒和理性认知，切莫被谣言带偏节奏、牵着鼻子走。

① 参见：“互联网联合辟谣平台”微信公众号2024年3月18日。

检索发现，“我国社保基金交给外资机构管理”的谣言，至少已在网上传播数月，一些社交媒体还附上表格，煞有介事地列明接受委托的16家境外投资机构名单。近日，一位拥有千万粉丝的网络大V转发此表格并提出质疑，引发不少网友关注，导致不实信息被进一步传播，造成更大负面影响。这或许是权威部门不得不专门辟谣的重要因素。

网络谣言是社会毒瘤，其危害性不言而喻。移动互联网时代，造谣容易，辟谣艰难。“造谣一张嘴，辟谣跑断腿”就是形容这种不正常现象。为此，国家及地方有关部门设立“互联网辟谣平台”，经常第一时间发布辟谣信息，这对消弭谣言“毒副作用”以及遏制谣言传播发挥了重要影响。

值得注意的是，官方辟谣平台和转载辟谣信息的主流媒体受众，往往与网络社交媒体受众（粉丝）并不完全重叠，甚至有不小差异。考虑到面子和流量，而曾经传播谣言的社交媒体又几乎不转发辟谣信息。这种情况下，很多接收过不实信息的受众，其实并没有“看见”官方辟谣，导致辟谣效果不可避免被打折扣。

互联网是有记忆的，溯源追查谣言的来龙去脉并无技术障碍。因此，为了遏制网络谣言，有必要确立“谁传播谁辟谣”原则，推行“溯源辟谣”机制，即要求曾经发布、传播重大谣言的网络媒体（特别是社交媒体），必须全文转发权威部门发布的相关辟谣信息，尽可能使其受众（粉丝）清晰知晓不实信息已经“翻转”。这样，既可最大程度扩大辟谣影响面，又可有效震慑传播谣言的网络媒体，让其自我“打脸”、多长记性，可谓一箭双雕，值得一试。

原载：“东方网”2024年3月19日[①]

① 转载：“人民日报客户端”2024年3月19日。

四

文教评弹

师生间手机“缠斗”亟待立法解围

新的开学季，在应对手机管理时，广州的学校有了新探索：广州一中的学生宿舍区里，悄悄多了一间“手机保管室”，保管室的柜子里躺着的都是学生手机。学生若携带手机进入校园，都必须把它统一地存放到“手机保管室”里，直到周五放学才能领回，目的是减少手机对学习的影响。①

据该校贺主任介绍，手机是学生接触外界信息的窗口，但中学生的自控能力比较弱，沉迷其中必定会影响学习。在不少学校，学生上课偷偷玩手机、拿着手机通宵看小说并不鲜见，校园手机管理已成为“世界性难题”。该校此前也曾多番考量，比如说由老师代为保管、校园内屏蔽手机信号等等，但是综合多方因素，最终认为“手机保管室”的办法更为妥当。但仍有调皮学生与老师“斗智斗勇”，上交手机模型、上交旧手机藏着新手机，甚至是用零花钱再买一台。

学生应不应该带手机进校园，已争论不止十年。许多学校对学生带进校园的手机，缴与不缴、交与不交，教师已与学生“缠斗”

---

① 参见：《信息时报》2017年9月26日。

多年，学校、家庭也为此纠结多年。自手机具备上网功能后，手机其实是一部便携式移动电脑，其越来越强大的使用功能，极大地方便了使用者，也对涉世未深的学生具有致命的诱惑力。一些学生沉迷于手机游戏，离不开QQ、微信，整日浏览良莠不齐的网络信息，造成学习成绩明显滑坡、眼睛视力变差、身体素质降低等等，已是当下不争的事实。教师因管理学生使用手机引发诸多矛盾，个别还曾引发极端事件，相关新闻不时见诸媒体。

对手机给学生带来的负面影响，社会已越来越关注，家长、教师、学校对此越来越担心。但是，由于没有统一规定，各地方各学校处理这一“世界难题”时，无规可循，处于“公说公有理婆说婆有理”的窘境，学校只好各出招数，都在“摸着石头过河”。事实上，在这个问题上，一些发达国家已走在我们前面。美国、德国、英国、日本等，通过立法，或明令禁止学生将手机带进校园或课堂，或规定在学校和家长的引导下，学生才能有条件地使用手机。英国要求最严，据《每日电讯报》报道，英国教育标准局于2012年宣布，禁止中小学生带手机进课堂，并规定了对学校、教师的问责事项。

他山之石可以攻玉。在智能手机已基本普及的今天，面对在校学生受手机影响日趋严重的当下，国家教育主管部门有必要回应公众关切，进行顶层制度设计，对学生带手机进校园作出明确的操作性强的限制性规定，以达成共识、消弭分歧，把手机对学生学习的影响降至最低，让师生在手机上的“缠斗”结束，为学校和教师“解围”。

原载：“红网”2017年9月28日[1]

① 转载：《梅州日报》2017年9月29日。

高考改革必须避免“拼爹定终身”

近日，北京发布了高考改革新方案，指出，2020年高考，原则上高考成绩占比不低于学生总成绩的60%。方案一出，舆论哗然。随后，北京教委有关负责人回应称，有人误读新方案，并非所有人的录取都以这种方式录取，只在数量比较小的考生中进行试点。[①]

也许确实有人误读，但是，有少部分人不必“一考定终身”，可以通过另一种途径上大学，是毫无异议的。两年后，这类考生高考成绩只占60%，综合素质评价可占40%，而后者就是引发热议的焦点所在。

我国恢复高考四十年，为国家培养了巨量人才，成千上万的人通过高考改变了命运，改变了家庭，也改变了社会。尽管不断有人痛陈高考之弊端，呼吁进行改革，但高考的巨大贡献不容否定，谁也抹杀不了。可以说，没有四十年高考，我国经济奇迹的发生是不可想象的，从这个意义上说，高考改变世界也毫不为过。

多年来，为适应社会发展，高考大纲、教材、命题、考试、录取等环节进行了持续、大量的改革，促进了高教事业的发展。但

---

① 参见：《北京晚报》2018年8月28日。

是，不必讳言的是，也有一些改革措施引发争议。如若干年前出台的高考加分政策，除教育部规定的14项外，各地推出优惠政策190多项，加分项目弄虚作假严重，媒体屡有曝光，有违改革初衷。由于社会反映强烈，各地大部分加分政策已被取消。

又如，高校自主招生政策，通过高校自招的考生，可以降低10—60分被录取。问题是，一些自招加分项目，如学生论文、发明专利证书等，造假“生意”兴隆，只要出得起足够的钱，别人的论文或发明就可以成为考生的“专利”，且中介服务周到，俨然已成“黑色产业链”。如此自主招生，与“考家长”无异，招致诸多非议。

上述高考改革措施之所以引发强烈关注，是因为扰动了社会公平之基。教育公平是社会公平的基石，而高考公平是教育公平之核心。没有高考公平就没有教育公平，没有教育公平就没有社会公平。回到北京高考新方案，虽然实施细则尚未出台，但占比可高达40%的“综合素质评价”，如何确保考核的公平性，值得高度关注。

从多年实践看，按照当今社会法治、诚信环境，想杜绝别有用心者打高考“综合素质评价”主意，难上加难，弄虚作假在所难免，网友们担心的高考从“一考定终身”时代，进入“拼爹定终生”新时代，或许并非危言耸听。这也是该方案引发舆论哗然的原因所在，有关部门务必要高度重视，缜密论证，三思而行。

原载：《中华工商时报》2018年9月3日

奇葩作业其实是教学事故

日前，有网友爆料，上海某幼儿园要求家长定期看一档网络综艺节目，看完后要提交一万字的观后感。有家长为完成作业熬夜写到凌晨3点，有被虐家长质疑：幼儿园，你是魔鬼吗？①

奇葩作业年年有，今年特别多。近日，广东佛山某小学四年级老师布置作业：在家数1亿粒米。据估算，1亿粒米约重8.3吨，真要数完1亿粒米，不眠不休一直数至少要一年。如此虐人作业，舆论哗然，甚至引起外媒关注。孰料，1亿粒米还没“数完”，又一奇葩作业新鲜“到货”：某幼儿园要求孩子们每天晚上画同一时间的月亮，且要连续画一个月。有家长为了帮小孩完成作业，每晚深夜拍月亮照片让孩子临摹，自己因此瘦了八斤。

提起奇葩作业，不但学生吐槽不已，家长数落起来也“都是泪”，引发舆论关注在所难免。对此，出题老师常辩解称，这是创新作业形式，有利于培养学生动手能力，激发孩子们的想象力，还可增进亲子关系。问题是，奇葩作业不等于创新，而是将严肃的教学活动环节戏谑化，令学生无所适从，让家长压力山大，连吃瓜群

① 参见：“荔枝新闻”2018年9月15日。

众都有智商被虐的感觉。其结果是，要么逼迫学生弄虚作假；要么变成家长作业，从“虐学生”转化为“虐家长”；要么就不了了之，徒增坊间谈资罢了。

奇葩作业，儿戏有余，严肃不足，其实是披着“创新”外衣的教学事故。从许多学校制定的《教学工作管理条例》看，教师上课时“手机响铃”“迟到5分钟”等，都被界定为教学事故，“其他违反正常教学秩序，对教学造成一般不良影响的行为”，也可被认定为教学事故。发生教学事故，有关教师应该接受一定处罚。奇葩作业，无论从作业可操作性和难度、学生完成情况、家长反映、公众及舆论评价看，可以说是教师在教学过程中乱作为的表现，干扰了正常教学秩序，也影响了学校声誉，完全可认定为教学事故。

值得注意的是，目前似乎还没有一位教师由于布置奇葩作业，被教育机构认定为教学事故，即使这些奇葩作业被媒体曝光，引发社会关注而被迫取消，也没有见有老师因此受到处罚，这不能不说是一种遗憾。布置作业是教学的重要环节，是十分严肃的工作。作业的内容和形式可以创新，但必须符合教育规律，不得超越学生心智发展阶段，更不能把奇葩当创意，把无聊当有趣，布置的作业令学生和家长有满满的“被虐感”。

由此可见，要减少奇葩作业的出现，有必要将其认定为教学事故，让责任教师接受一定处罚。只有这样，才能引导教师厘清奇葩与创新的界限，设计出真正有创意的课堂作业。

原载：《河南日报》2018年9月17日[①]

① 转载：《海南日报》2018年9月18日。

小心，"有赏阅读"有毒

最近，一批新闻资讯类APP打出"刷新闻赚现金"的噱头，从签到、分享到每日阅读、推荐好友，用户使用行为均被"明码标价"。日前，《人民日报》刊文，点名批评了"趣头条"以新闻之名收割流量，变身"趣赚钱"，呼吁加强监管。①

值得注意的是，除了"趣头条"之外，"淘新闻""东方头条""惠头条""搜狐资讯"等多个同质化产品也出现在市场上，"有赏阅读"模式新颖吸睛，收割了不少三四线城市刚刚触网的用户，得以野蛮生长。不过，"有赏阅读"听起来很美，细思其实有"毒"。

首先，内容有"毒"。记者调查发现，此类资讯类APP内容，质量参差不齐，只有少量权威报道，绝大多数以养生贴士、明星八卦、风水解梦、惊爆"内幕"、馊鸡汤文等为主，标题党横行，"营养价值"欠缺，而其中夹杂不少伪劣保健品等虚假广告内容，甚至直接掺杂低俗涉黄内容，以露骨语言大打擦边球。如此垃圾信息，阅之何益？

① 参见："央广网"2018年5月4日。

其次，形式有“毒”。“补贴+收徒”是此类新闻资讯APP的主要商业模式，用户通过分享邀请码“收徒”之后，就变成“师傅”，可以从“徒弟”的收入里获得持续的分成，还可以通过“唤醒”功能，提醒“徒弟”阅读，进而持续获得奖励。但是，“师傅、徒弟、徒孙”构成了上下层级，且各有收益，疑似符合传销的构成要件，监管机构不可能视而不见，一不小心，用户就可能成为传销者的“帮凶”，其模式恐怕难以持续。

最后，“有赏”是噱头不是甜头。所谓“有赏”，无非是蝇头小利的诱饵罢了，想利用“有赏阅读”赚点零花钱，并不容易。比如“惠头条”APP中，阅读资讯5分钟可以得到100个平台金币，观看视频5分钟可以得到50个金币，1万个金币约等于现实中的1元钱，用户至少积累1万个金币才能在微信或支付宝提现。换句话说，用户必须连续阅读8小时资讯，或者观看近17小时的视频，才能挣1元钱。问题是，你因此损失的流量费和手机损耗费，可能远不止1元钱，更别说耗费你多少精力了，得不偿失。

应该承认，这种“有赏阅读”的模式，从商业角度看是成功的。但是，从用户体验和社会效益而言，这类APP明显过于功利化，精于打擦边球，追求流量为王，忽视内容质量，偏离了阅读的应有之美，不仅开卷无益，甚至本末倒置，令开卷有“毒”。对此，用户千万别被“有赏阅读”遮望眼，监管机构也要张开“慧眼”，不可不察。

原载：《中国新闻周刊》2018年第18期[①]

① 转载：江西卫视2018年5月9日。

家长少些攀比，才能多点“暑假自由”

暑期刚至，网上曝出的家长为孩子报名参加各种项目的高额消费账单，令不少人大为惊讶。如：每小时收费1000元的英语课、4万多元的游学夏令营、数千元的绘画辅导班……放假要花的钱居然比上学的时候还多，让家长们头疼不已。记者调查发现，很多家长暑期为孩子花的钱已经占到了家庭收入的50%以上，“暑假不自由”如今已成为一些家长不得不面对的消费难题。[①]

“××自由”是近年热门话题，从“财务自由”“购房自由”到“车厘子自由”“榴莲自由”“荔枝自由”，无一不触动消费痛点。当下，“暑假自由”成了部分家长的奢望。假期越来越“不自由”，确实是许多家长无法回避的残酷现实。

“自由”原本就没有划一的外延“边界”，“暑假自由”也没有“金标准”。一些家长之所以吐槽“暑假不自由”，恐怕是过度攀比心理使然，将“暑假自由”的目标定得过高过远，脱离了家庭经济条件各异、孩子禀赋及兴趣爱好不同等客观实际，也偏离了素质教育方向。

① 参见：“人民网”2019年7月14日。

比如，部分家长在“别输在起跑线上”思维定式下，要求孩子从幼儿园到中小学，非名校不读；为了让小孩考上名校，课外辅导班非高价不上，兴趣班非名师不学，假期旅游非走出国门不可，出国游学最好去哈佛、剑桥……问题在于，这些“小目标”如此高大上，真的适合每一个家庭、每一位孩子吗？

其实，步入小康社会，对大多数家长而言，为了丰富孩子假期生活，“暑假自由”不是问题。如：引导孩子钻进图书馆，畅游知识海洋；带领孩子走进市郊田间地头，领略乡村风貌；陪同孩子走进博物馆、科技馆，感受历史、科技之美；一家人就近逛逛公园、一起看场电影，享享天伦之乐。如此过暑假，花钱少，受益多，小孩轻松，家长放心，自由自在，何乐不为？

暑假本来就是孩子放松身心的最好机会，在个别舆论贩卖焦虑和攀比之风裹挟下，某些家长硬生生把暑假变成“第三学期”，苦了孩子，也累了家长，得不偿失。为了孩子和家庭的“暑假自由”，家长们还是少些攀比，多些理性吧。

原载：“东方网”2019年7月14日[①]

① 转载：“人民日报客户端”2019年7月15日。

现场排队报名的老黄历早该翻篇了

这两天，超强台风“利奇马”肆虐江浙沪，大多数市民响应预警待在家中，以策安全。但是，8月10日上午，江苏淮安市某小学门前，却有大批家长带上孩子，顶着狂风骤雨排长队等候入学报名。为了争得学位，有些家长提前一夜开始排队，不少家长和小孩全身被淋透，有家长对此表达不满。①

“利奇马”是今年登陆我国的最强台风，威力巨大，已造成500多万人受灾、近30人死亡。为此，相关城市公共交通、民航、抢险救灾等部门启动应急预案，许多单位调整作息时间。而上述小学却无视红色暴雨预警，仍然按计划接受新生报名，给家长、小孩带来极大困难。

近年来，一些地方义务教育学位紧缺，每到学校招收新生，全家总动员，连夜排队为孩子报名的新闻，不时见诸媒体。为了让孩子不输在报名起跑线上，家长们排队越来越早，占位花样百出，争执时有发生，甚至发生肢体冲突。

可怜天下父母心，人人皆感同身受。问题是，移动互联网已进

① 参见：“人民网”2019年8月11日。

入5G时代，这种纯属折腾的现场排队报名方式，还有存在的必要吗？环顾四周，政府窗口部门办事、公共服务、金融支付、就医安排等，或可线上预约，或可网上办理，大大提高了办事效率。教育部门不妨扪心自问：连夜排队报名现象，除了学校，如今在哪些行业还会出现？

表面看，按现场排队顺序决定报名资格，合情合理，家长们也是抱着“先到先得”的朴素心理，不辞辛苦来排队。而事实上，这种方式不仅折腾家长，还隐含暗箱操作空间，有损公平、公正、公开的原则。因为，神通广大者完全可以无须现场排队，即可获得资格，这或许就是某些学校坚持现场排队报名的“猫腻”所在。

其实，为缓解学位不足引发的矛盾，许多地方已采取“公开名额、敞开报名、抽签派位”的方式。如笔者所在的广东东莞市，每年各公办小学敞开报名后，由教育主管部门、学校、家长等三方代表，共同见证“抽签派位”，连夜排队报名的现象一去不复返，受到社会各界好评。

由于种种原因，一些地区义务教育阶段学位紧缺，短时间内难以彻底解决。但是，无论如何，让家长现场排队报名的老黄历早该翻篇了，采取“抽签派位”，既可舒缓社会痛点，又能维护教育公平，一举多得，何乐不为？

原载：“东方网”2019年8月12日[①]

---

① 转载：“人民日报客户端”2019年8月12日。

弱女子替亡夫还债书写完美“诚信答卷”

日前，一则广东河源龙川弱女子主动替亡夫还债的消息，引发社会关注。这名女子叫杨添风，今年四十四岁，是一名医生。四个多月前，丈夫王海亮遭遇意外身亡。在清理丈夫遗物时，杨添风发现丈夫欠有几十万元外债。随后，她便通过亡夫的微信朋友圈发声明，表示要替夫还债。对此，有人深表意外，有人感动“要泪崩”。[①]

据了解，杨添风的丈夫经营一家油茶场，“经过五六年的艰苦创业，在亲朋好友的帮助下，才刚刚有所起步”。丈夫突然离世，使杨添风遭受重大打击，几十万元外债，更令其一时措手不及。这些债务都是丈夫生前经营油茶场时欠供应商的货款和办厂的私人借款。杨添风认为，欠债还钱是本分，“如果没还，就会心里不舒服……”就是在如此朴素的认知下，杨添风短时间内筹集资金，还清了亡夫全部外债。

按理说，亡夫的债务用于经营业务，属公司债务，只负有限责任，杨添风本可以置之不理。家庭遭遇重大变故，油茶场面临严

① 参见：《华商报》2019年11月3日。

峻局面，通常情况下，债权人也不会上门讨债。但是，面对家庭厄运，不善讲大道理的杨添风，基于做人本分，主动替夫还债，以实际行动书写了完美的“诚信答卷”，令人感动，让世人领略到一个弱女子少有的韧劲和执着。

诚信为立身之本，是人品的试金石。诚信待人，人生才能行稳致远；诚信经营，生意才能细水长流。不必讳言，我国经济社会进入新时代，诚信缺失仍然严重，个人和经济组织不守信用的现象屡见不鲜，由此引发的经济纠纷案件长期居高不下。有些案件即使法院判决生效，执行时也难上加难，有被告甘当“老赖”，上失信黑名单，也不愿履行判决，令人不齿。两相对照，高下立判，杨添风替亡夫还债之举，充满正能量，打脸各式失信“老赖”。

近日，中共中央、国务院印发《新时代公民道德建设实施纲要》，旨在推动全民道德实践的养成。《纲要》提出，我国经济社会“不讲信用的现象久治不绝”，必须“持续推进诚信建设”。诚信建设需要榜样引领，以行动书写完美“诚信答卷”的杨添风，无疑是值得弘扬的典型。

原载：“红网”2019年11月5日[①]

① 转载：《梅州日报》2019年11月6日。

对院士兼职有必要设限

11月8日，2019年中国工程院院士增选第二轮评选会落下帷幕，初步确定了增选的中国工程院院士人选。评选会上，中国工程院党组书记、院长李晓红期望院士群体，不忘初心，至诚报国，珍视荣誉。他认为，院士称号不应承载过多非学术的、功利的东西，要求院士加强自律，不要四处兼职，尤其不要在非本专业领域挂名兼职。①

两年一次的院士增选，是科技界的盛事。实行院士制度，是党和国家尊重知识、尊重人才的重要体现。院士队伍是学术界的精神高地，是科技界的一面旗帜，院士享有崇高的社会地位，其称号殊为珍贵。

值得注意的是，我国院士队伍日趋壮大，而院士社会美誉度却有下降趋势，院士称号承载过多功利性的东西，就是问题关键所在。部分院士自律性不强，兼职过多，挂名泛滥，心态浮躁，疏于科研，热衷出席各种非学术性活动，俨然“社会活动家”“媒体明星”，备受公众热议。李晓红院长的上述讲话，语重心长，有很强

① 参见“人民网”2019年11月12日。

的针对性。

院士兼职过多早已是不争的事实。2013年就有媒体报道，据不完全统计，783名工程院院士中，共有5610个兼职，人均兼职7.2个。如今六年过去，院士人均兼职数量只增不减。非学术性兼职过多，是部分院士过度追求功利的表现，也是院士管理存在的突出问题。

事实上，关于院士兼职，2014年6月，中国科学院已出台院士兼职报备制度；今年9月，中国工程院也下发文件，要求院士兼职必须报备。两院院士兼职报备制度的设立，对规范院士兼职、抑制挂名泛滥，将起到积极作用。问题是，兼职报备制度对每位院士可以挂名单位数量，以及允许兼职个数，没有具体要求。这种情况下，在院士资源仍然极为稀缺的今天，寄望于院士们自重自律、自觉减少兼职数量，恐怕是一厢情愿。

鉴于院士兼职过多的“后遗症”愈发严重，且社会关注度越来越高，主管部门有必要对院士兼职设限，即对每位院士可以挂名的单位（含院士工作站）数量，以及允许兼职的学术性和非学术性职务数量，设定明确上限，兼职数量超过设限者，一律作违纪处理。只有这样，才能遏止院士挂名泛滥，引导院士们俯下身子，回归科研初心。

原载：“红网”2019年11月13日

别让孩子掉进人生起跑线“坑”里

家有幼儿，谁也躲不过早教的诱惑。近两年，早教英语培训机构在各大城市遍地开花，“抢跑”明显，乱象丛生，却受部分家长热捧。不过，媒体发现，许多家长本想让孩子步步领先，殊不知是步步入“坑”。①

据记者调查，这些“坑”有：一是把早教英语包装成“新时尚”，宣称越早参加越好，于是，参加培训班的幼儿，没有最小，只有更小；二是教师资质堪忧，换洋外教如同“走马灯”，“李鬼”洋外教比比皆是；三是教材缺乏统一标准，五花八门，质量参差不齐；四是培训课程价格不菲，一年学费少则几千元，多则一万余元。

早教英语是近年兴起的培训项目，为了让孩子赢在起跑线上，一些家长趋之若鹜，争先恐后报名，带领孩子参加各式培训班。殊不知，鱼目混珠的早教培训，除了令家长付出不菲学费外，让幼儿过早接触欠规范、不系统的英语训练，无异于揠苗助长，不利幼儿学习潜能的开发成长，难以收到预期效果。这是业内专家的评价，

---

① 参见：“东方网”2020年8月23日。

也是部分被早教英语所“坑”家长的忠告。

“让孩子赢在起跑线上”，是为人父母的真诚愿望。为了实现孩子成长的“小目标”，家长们创造条件，让孩子早点接受良好的教育，无可厚非。问题在于，婴幼儿阶段的孩子，个体发育差异较大，认知成熟度有异，兴趣关注点不一，并不都适合英语早教，更不是越早参与越好。

值得注意的是，在开放多元的社会，孩子们的人生“起跑线”，已越来越像个筐，里面装有家长们的美好愿望，也有精明商家有意无意设的“坑”，家长们一不小心，就可能让孩子掉进“坑”里。规范早教英语培训，必须清除早教市场上的各种“坑”。一方面，政府部门要主动作为，加强监管，“该出手时就出手”；另一方面，家长们务必擦亮双眼，别被“贩卖焦虑”式营销遮望眼，互相攀比，盲目报名，不加选择地让孩子参加各种早教培训班。否则，费了钱财，累了家长，还可能让孩子掉进人生起跑线“坑”里，得不偿失。

原载：《河南日报》2020年8月24日[①]

① 转载：“人民日报客户端”2020年8月25日。

让英雄主讲《开学第一课》成为惯例

2020年央视《开学第一课》开播了。今年以“少年强，中国强”为主题，传递“人民至上，生命至上”的价值理念。节目邀请“共和国勋章”获得者钟南山，“人民英雄”国家荣誉称号获得者张伯礼、张定宇、陈薇等英雄，共同讲述感人至深的抗疫故事，弘扬抗疫精神，受到全国中小学生热烈欢迎。①

《开学第一课》是央视与教育部合作的大型公益节目，于2008年首播，每年9月1日晚上黄金时间播出。每期设置不同主题，邀请不同知名人士担任主讲，围绕主题，向学生们讲述感人故事，演绎精彩人生，致敬英雄人物，引领时代风尚。节目内容丰富，形式多样，舆论关注度高，社会影响力大。

今年《开学第一课》邀请钟南山院士等抗疫英雄“现身说法”，讲述如何舍生忘死与病毒斗争，阐释“人民至上，生命至上”理念，有着极大的感染力和号召力，给同学们上了一堂别开生面、印象深刻的第一课。

值得注意的是，今年节目没像往年一样，邀请娱乐明星参加，

① 参见：《人民日报》2020年9月2日。

主讲老师都是抗疫英雄。按惯例，《开学第一课》每年都会邀请娱乐明星，不少当红“小鲜肉”曾受邀担任主讲人。从吸引饭圈流量看，有娱乐明星参加，或许能提高一点关注度。但从《开学第一课》重要意义和广泛影响力看，娱乐明星并不适合担当中小学生的人生导师。有几期节目中，“小鲜肉”占据C位，就曾招致部分家长不满，引发舆论热议。

众所周知，央视《开学第一课》不是一场明星秀，而是一堂面向全国中小学生的特殊思政课。主讲老师承担着引导广大中小学生“扣好人生第一粒扣子”的重任，其职业、形象、事迹，理应契合社会核心价值取向，具有鲜明时代性和导向性。今年邀请的抗疫英雄，为我国抗击疫情取得世界瞩目成就，立下汗马功劳，是新时代“最美逆行者”，由他们担当《开学第一课》主讲老师，众望所归，当之无愧。

古语云：“经师易求，人师难得。”抗疫英雄堪当人师，他们的事迹感动中国，他们是全国青少年的学习榜样，是“扣好人生第一粒扣子”的最佳导师。榜样的力量是无穷的。希望从今年开始，《开学第一课》主讲者全部由新时代的各界英雄担任，且成为惯例。

原载：“东方网”2020年9月3日[①]

① 转载：《兵团日报》2020年9月7日。

“高考加分”必须对发明专利说“不”

近日，教育部官网发布《对十三届全国人大三次会议第6038号建议的答复》，对全国人大代表提出的《关于落实对青少年进行创新教育的建议》予以答复。教育部的《答复》表示，“现阶段不适宜将发明专利纳入高考加分项目。”中学生有发明创造等方面特长的，可计入学生综合素质档案，作为高校招生的参考。①

近年来，我国一些重要领域核心技术遭遇美国“卡脖子”，令国人感受到切肤之痛，凸显了我国科学研究方面的短板。如何创新机制、抓紧人才培养、加强技术攻关、突破外国技术垄断，已成当务之急。上述人大代表的建议，就是在这一背景下提出的，初衷是加快落实创新教育。

问题在于，“高考加分”政策具有高利害性特点，事关考生切身利益，将发明专利纳入“高考加分”项目，容易弄巧反拙，得不偿失。首先，对农村考生不公。由于师资力量、实验室设备、家庭条件、科学素养等方面，农村考生无法与城市（特别是大城市）考生相比，他们搞发明创造的机会少之又少，这种加分项目大概率成

---

① 参见：《中国教育报》2020年12月11日。

为部分城市考生的“量身定做”。

其次，有违高考改革趋势。长期以来，“高考加分”项目越来越多，分值比重越占越大，引发公众热议。清理和规范加分政策势在必行，也是高考制度改革的重要内容。近年来，为了促进教育公平，教育部对“高考加分”项目不断做“减法”，取消了奥赛获奖者、体育特长生等特长类加分项目，受到广泛好评。这种情况下，再增加“高考加分”项目，与高考改革趋势不符。

最后，加剧教育不公。为了让学生考到心仪的大学，部分中学和家长可能将发明专利作为“终南捷径”，不惜弄虚作假，通过暗箱操作，“张冠李戴”，让考生“拥有”发明专利。这与此前部分高校自主招生过程中，爆出考生抄袭论文、买卖发明专利证书，不是“异曲同工”吗？这种“高考加分”，考的不是学生“创新能力”，而是家长“综合实力”。

教育公平是社会公平的基石，而高考公平是教育公平之核心。没有高考公平就没有教育公平，没有教育公平就没有社会公平。在当前社会教育、法治环境下，将发明专利纳入“高考加分”项目，容易被别有用心者利用，从而扰动整个社会的“公平奶酪”。因此，教育部的《答复》显然经过深思熟虑，值得赞赏。“高考加分”政策必须对发明专利说“不”。

原载：《中国青年报》2020年12月13日

“评酒大师”不宜参评工程院院士

据“贵州省科协网”消息，2月8日，2021年贵州省推选中国工程院院士候选人评审会召开。经专家评审，贵州省推选院士候选人工作领导小组审定，拟推选四位同志为今年中国工程院院士贵州省候选人。其中，引人注目的是，贵州茅台集团公司高管王莉入选。[①]

根据院士推荐候选人公示，王莉是以总工程师、首席质量官、研究员身份入选，其研究方向是发酵与轻工生物技术。“贵州茅台集团”官网介绍，王莉是国务院特殊津贴专家、国家白酒评委、国家级“评酒大师”。2016年成立“王莉品评勾调技能大师工作室”以来，王莉培养了国家级白酒评委五人、省级白酒评委二十人。在她领导下，茅台酒勾兑合格率达99.59%。2018年，王莉荣获轻工“大国工匠”称号。

从履历和所获荣誉看，王莉是资深高管，在茅台公司贡献突出，人设堪称完美。但是，以工程院院士的标准和条件衡量，“评酒大师”王莉还是不参评工程院院士为好。

首先，《中国工程院章程》规定，工程院院士须“在工程科学

① 参见：“澎湃新闻”2021年2月16日。

技术方面作出重大的、创造性的成就和贡献”。王莉的贡献主要在茅台酒质量控制以及酱香白酒品质鉴定、评定方面。这与“品酒”和“评酒”密切相关，十分讲究人类嗅觉和味觉器官灵敏性，而与工程科学技术“重大的”“创造性”贡献相差甚远。

其次，王莉的开创性研究项目是“茅台酒风味物质研究”，主要成果是“将感官分析与仪器分析相结合”，使酱香型白酒的分析研究从单纯的微量成分分析全面上升到风味研究时代。这种研究方法，虽然将仪器分析带进茅台酒风味物质研究，但仍然离不开“感官分析”，无法摆脱个人感觉器官差异化的影响。因此，分析同一款白酒风味，不同研究者难免会得出不一样的鉴定结论，这种研究的科学性一定程度上会大打折扣。

最后，白酒酿造行业讲究师徒传承，不同酒企有不同师傅，会带出不同徒弟，自然会酿出不同风味品质的白酒。事实上，不同酒企之间，各有各的传统酿造技艺和特点，在这些方面很难进行科学量化比较，无法将某一个酒企的独家酿造技艺标准化、规范化，并推而广之。换句话说，A品牌的首席质量官，很难担任B品牌的首席质量官。

中国工程院院士是我国工程科学技术方面的最高学术称号，为终身荣誉，在全社会享有崇高的威望。其每两年一次的评选活动，是全国科学技术界的盛事，舆论关注度极高，参选者必须经得起事实和历史考验，经得起公众的合理质疑。而“评酒大师”王莉，由于其所在行业特点及其研究项目的局限性，显然不适宜参评中国工程院院士。

原载：“东方网”2021年2月17日[①]

① 转载：“澎湃新闻”2021年2月18日、《华西都市报》2021年2月19日。

“礼让外地游客”也是一道美丽风景

“五一”假期过半了！从之前一条“某地欢迎您”的短信，到如今开放政府部门、事业单位的停车场、食堂等“宠游客”措施，这个“五一”各地都在相继推出“礼让外地游客”的措施，成为城市的另一道风景。①

如：四川乐山，通过开放中心城区55个机关和事业单位内部停车场、开辟18个临时停车场、在路边两侧划了一部分停车位等举措，为游客提供了3000个免费停车位，大大缓解了外地游客停车难。

江苏扬州，将市委、市政府的机关大院变成临时“服务区”，迎接外地游客，除了开放市委市政府机关大院158个停车位，政府机关食堂还提供淮扬特色的简餐，菜肴的价格是按照原材料的成本收取，解决了部分游客停车难、吃饭难，受到广大游客欢迎。

在重庆，为满足游客想在重庆千厮门大桥上观夜景、拍照的需求，交警部门封闭了千厮门大桥的双向通车，让游客安全、放心游玩。有市民回应称：“我们不出门，给外来游客腾出一座城好好耍。”重庆市民的豪爽之情，跃然纸上。

---

① 参见：“央视新闻”2021年5月3日。

值得一提的是，推出“礼让外地游客”举措的地方，远不止上述三个城市，已越来越多。“宠游客”的措施也越来越贴心，从呼吁“本地市民尽量不出行”、热门景区门票销售优先外地游客，到开放机关大院停车场和食堂、实施特别交通管制等，形式多样，让游客们倍感便利，也倍感温暖。

旅游已成为国人重要的休闲方式，随着物质和文化水平日益提高，人们的旅游理念、出行方式在逐渐转变，自驾游、体验游、深度游日益受宠。这些变化，对一座城市的公共服务和市民素质提出更高要求。近年来，一些城市与时俱进，改进待客之道，完善服务举措，让游客乘兴而来、满意而归，一定程度上体现了整座城市的文明程度，给人留下深刻印象。从这个意义上说，“礼让外地游客”其实就是城市的一道美丽风景。

应该看到，一些城市“礼让外地游客”，只是节假日或旅游旺季的应急之举，具有临时性和随意性，并非常态化措施。从我国经济社会发展水平和旅游发展趋势看，人们对城市旅游体验要求越来越丰富，对旅游目的地城市的管理服务水平和质量，提出了新的更高要求。

因此，各地务必要更新观念，切实践行以人为本的施政理念，对“礼让外地游客”做出制度性、常态化安排，并广为宣传，使之成为各级政府部门和全体市民的自觉行为，让每个单位和每位市民都成为一道风景，让远道而来的游客饱览自然风光时，还可领略城市人文之美，一举多得，何乐不为？

原载：“东方网”2021年5月4日[①]

① 转载：“人民日报客户端”2021年5月4日。

学历造假被判退还30万工资，冤不冤？

日前，北京某企业高管应聘时伪造学历和工作经历、离职后被用人单位诉请退还30万元工资的劳动合同纠纷案件，引起媒体关注。案件经一审、二审，法院二审判决认定，一审法院酌情认定陆某返还原告工资款30万元，并无不当，法院予以支持。①

案情并不复杂。2019年3月18日，陆某经原告北京某公司面试被录用入职。双方约定试用期工资为税后每月72800元，转正后的工资为税后每月91000元。9月26日，陆某正式离职。此后，原告查实陆某求职时存在虚构教育经历以及工作经历的行为，不应该拿这么高的工资，因此诉请被告陆某返还原告多付的工资款30万元。

被告陆某承认存在伪造学历和工作经历的事实，但认为自己在品牌策划创意领域已有十年以上经历，且原告面试时应当认真核查其个人资料的真实性却未予核查，故应承担不利后果。不过，法院认为，陆某的行为违反了诚实信用原则，与诚信友善社会主义核心价值观相违背，故判决其败诉。

因为员工求职时学历造假被法院判决退还用人单位工资，这样

① 参见："正义网"2021年5月8日。

的案例似乎闻所未闻，极具警示意义。一个人的学历和工作经历，是每位“打工人”的名片，也是谋求更高职位的敲门砖，保证其真实可靠是对求职者的基本要求。对这方面资料的任意“扮靓”，涉嫌通过欺骗手段谋取职位，有悖诚实信用原则，必须承担严重后果，这是毋庸置疑的。

有网友认为，被告陆某有点冤，在越来越重能力而不是唯学历的今天，法院的一纸判决，似乎让人觉得学历重于能力。其实，这是对判决的明显误读。法院审理此案时，没有义务和责任评估被告的工作能力，其判决的法理依据是诚信原则。退一步说，即使被告完全胜任职位，也不影响法院作出同样的判决。诚实信用，是每位求职者为人之本，也是维护社会正常秩序的基石。从这个意义上说，陆某由于学历和工作经历造假被判退还30万元工资，其实并不冤。

值得注意的是，当今职场上，求职者学历和工作经历注水、造假，绝非个别现象。在某些求职者看来，这种造假很容易，成本又低，即使被发现，大不了辞职了事。而有些用人单位把关不严，有空可钻，合法权益被侵害还被蒙在鼓里，即使发现有人涉嫌造假，最多是辞退了事。上述案例的判决值得高度重视，相关各方千万别低估其警示意义。用人单位可以拿起法律武器，更好地维护合法权益；而求职者务必引以为戒，打工路上且行且珍惜，切勿忘记带上“诚信锦囊”。

原载：“东方网”2021年5月9日[①]

① 转载：浙江卫视2021年5月9日。

为科技人员减负，不妨从约束院士“站台”开始

中国科学院第二十次院士大会、中国工程院第十五次院士大会和中国科学技术协会第十次全国代表大会正在北京召开。“时间都去哪儿了？”成为会议热议话题，与会院士呼吁坚决杜绝把宝贵的科研时间浪费在迎来送往和“站台”性、应景性工作上。①

对此，钟南山院士深有体会地说：“现在科技人员一旦做了些工作后，各方面额外工作多得不得了，要站台要发言。”平时不仅要参加会议，如果不能参会，还需要为会议做视频，有时“两个钟头录了五个”，而自己领域的研究常常只能晚上再做。他语重心长地说：“科技人员要多点时间，专门从事科研工作，安心做科研，这个很关键！”

参加“站台”性、应景性工作是困扰科研工作者的突出问题之一，也是舆论关注的焦点。特别是两院院士，似乎有站不完的台，常常会议一个接一个、活动一场接一场，即使步入耄耋之年的院士，也不得不当“空中飞人”，天南海北“赶场”，耗费大量宝贵时间。

为何院士“站台”多？首先是一些地方和单位热衷请来院士“撑门面”，召开会议、开展活动，不管是否与科研工作沾边，动辄邀请

① 参见：“中国新闻网”2021年5月29日。

若干院士“莅临指导”，无非是想显示某项工作的重要性或高规格。院士拒绝吧，人家说你架子太大，不给领导面子，不重视某项工作；参加吧，实在没有多少时间，担心荒废科研，左右为难，纠结不已。

其次，院士兼职过多，也是重要因素。几年前，有媒体不完全统计，在783名工程院院士中，共有5610个兼职，人均兼职7.2个。如今，七年已过去，院士人均兼职恐怕只增不减。非学术性兼职过多、挂名泛滥，各种无谓“站台”必然增加，令院士分身无术，疲于应付，科研工作难免受到影响。

值得注意的是，有些科技人员缺乏自律意识和自觉精神，心态浮躁，对邀请“站台”有求必应，“一请就去，甚至不请还要求去”（吴伟仁院士语）。有的院士追名逐利，对“站台”乐此不疲，长此以往，俨然“社会活动家”“媒体明星”，严重影响科研工作和院士形象，成为院士管理工作中的突出问题。

为科技人员“减负”，把时间还给科技工作者，已成社会各界共同的呼声。这项重要而紧迫的工作，需要管理体制机制的改革创新，也需要示范先行，寻找突破口，加快推进。为此，笔者建议，有关部门不妨先从约束院士“站台”开始，对两院院士兼职数量以及参加各种非学术性会议、活动，做出具体明晰的约束性规定，将院士兼职数降至最低，限制院士受邀“站台”“撑门面”，将无谓活动减至最少，让院士称号回归荣誉性、学术性、纯洁性。并以点带面，发挥示范效应，推动科技人员全面“松绑减负”，让广大科技工作者早日轻装上阵，为我国打赢关键核心术攻坚战做出更大贡献。

原载：“红网”2021年5月30日[①]

① 转载：《科学大观园》2021年第12期。

禁止炒作“高考状元” 不容玩“文字游戏”

6月23日，教育部发出通知，部署各地各高校进一步做好考生志愿填报服务工作，要求各地各高校为考生提供形式多样的志愿填报指导服务，同时加强对社会培训机构或个人开展志愿填报咨询活动的监管，严禁相关媒体、培训机构、中学发布“高考状元”等信息。

与往年不同，今年教育部的有关禁令更加明确具体。如：列明禁止有关媒体、培训机构、中学和个人，拿“高考状元”“高考升学率”“高分考生”“复读生”等进行炒作，用心良苦。与此同时，有越来越多的省份为了防止炒作“高考状元”，已不再公布排名前20（或前50）位不等的理科、文科考生。

不过，你有“张良计”，他有“过墙梯”。高考放榜后，一些媒体或中学仗着“艺高人胆大”，玩起“文字游戏”，堂而皇之变相炒作“高考状元”。如：第一时间采访某地某中学考生，赞扬该考生如何努力学习、取得优异成绩，但“巧妙”回避教育部文件罗列的禁止用语，而以“高考优秀生”“考得比较好的两个人”等词语代之，明显在打“擦边球”；又如：贴出高考喜报，详细列出某中学和某班高考生总人数以及“一本”“二本”等高考参数的“分子”和“分母”，连小学生都能轻松算出“高考升学率”是多少……

炒作“高考状元”之风，其来有自，已成为应试教育的“助推剂”和社会焦虑的“放大器”，其危害不言而喻，也越来越受到公众关注，是每年社会舆论焦点的不二话题。虽然教育部门不断要求禁止炒作，但总有些媒体年年趋之若鹜，用娴熟的套路，做足功课：高考刚放榜，立马推出所谓“独家新闻”，借机炒作，赚足眼球。

值得注意的是，移动互联网时代，涉嫌炒作“高考状元”的不止媒体和中学，还有部分自媒体也“花式”参与，特别是有些短视频刻意炫耀某些高分考生信息，不管是有意为之还是无心之失，显然已涉嫌不当炒作，同样违反了教育部相关禁令。

玩“文字游戏”变相炒作“高考状元”，看似“棋高一着”，他人抓不着辫子，可收获流量、扩大知名度，实则枉顾社会责任，损害政府规章严肃性。而“此地无银三百两”式炒作小伎俩，更是有辱公众智商，令人反感。由此看来，教育主管部门有必要“补强”禁令，进一步细化举措，甚至出台惩罚性规定，让变相炒作者无空可钻，且有所敬畏，知进退，营造天下无“炒”的良好社会氛围。

原载：“东方网”2021年6月27日[1]

① 转载：《梅州日报》2021年6月28日。

29名专家甘当"科研掮客"令科学蒙羞

7月9日晚，"清风云南"微信公众号播出专题片《杞麓湖的呐喊》第七集《利益的捆绑》。专题片透露，云南玉溪通海杞麓湖污染治理过程中，不法商人勾结官员赚黑心钱，专家甘当"科研掮客"出卖灵魂，酿成"杞麓湖之痛、杞麓湖之殇"。

此前，云南有关方面已通报了杞麓湖污染治理问责情况：6个单位、29人被问责。其中，玉溪市副市长贺彬涉嫌严重违法，接受监察调查。从媒体披露案情看，这并非简单的投机造假，而是一帮胆大妄为之徒，以利益为纽带，以潜规则为链条，形成利益团伙，彼此相互掩护、相互渗透，把魔爪伸向了国有资金和重大项目，造成恶劣社会影响。

值得注意的是，在这起案件中，有违常识的造假工程得以顺利上马，与专家的签字背书关系密切。据了解，共有29名云南省业内专家在"科研掮客"牵线搭桥下，拿了数额不等的评审费、专家咨询费后，对柔性围隔等项目出具了"同意""原则同意"等意见，无一人给出"不予通过"意见或选择退出，可谓"全线失守"。

当然，专家"失守"的原因不尽相同：有碍于圈内朋友情面"互相帮忙"的，有慑于领导权势不敢"实话实说"的，有出于为政府“救急”做老好人的，有看在“孔方兄”面上“睁一只眼闭一只眼”的，也有“南郭先生”纯属滥竽充数的……凡此种种，表面看，受“科研掮客”上下其手影响，实质上是这些专家为利益集团捆绑，出卖良知，丧失客观公众立场、背离科学伦理、枉顾国家利益的必然结果。

专家论证制度，是提高行政决策科学性、保障公共利益的有效手段，在各级政府重大项目决策过程中起到重要作用。遗憾的是，多年来，在一些地方，项目专家论证人为干预明显，形同虚设，致使部分违背科学的形象工程、造假项目，堂而皇之上马。

在杞麓湖污染治理案件中，29名专家“全面失守”，严重违背职业操守，让科学蒙羞，令人痛心，值得深刻反思。有关部门不妨“自查自纠”，打上制度“补丁”，防止“科研掮客”从中作梗，尽量排除人为干扰，让专家论证回归初心，回归科学。

为此，笔者建议，对某些重大工程或当地无先例可循和或存在较大争议的项目，实行异地专家论证制度。即：此类项目的专家论证会全部聘请外省市专家参加，本地专家回避参与，以营造专家们可以畅所欲言、敢于“实话实说”的必要氛围，为重大项目把好科学论证关。只有这样，专家论证才能发挥应有作用，专家才能赢得社会尊重。

原载：“东方网”2021年7月12日[①]

① 转载：《梅州日报》2021年7月13日。

“网瘾”属精神病，降低游戏成瘾性刻不容缓

10月10日是世界精神卫生日。随着生活节奏加快，竞争压力加剧，心理行为异常和精神障碍患者逐渐增多。除了抑郁等精神障碍疾病，游戏成瘾也是精神疾病的一种。2019年9月25日，世界卫生组织正式把沉迷于网络游戏或电视游戏、妨碍日常生活的游戏成瘾认定为新的精神疾病，作为依赖症的一种，列入了最新版的国际疾病分类。①

游戏成瘾又被称为“游戏障碍”，俗称“网瘾”。有科学研究表明，沉迷网络游戏，会改变大脑结构。世界卫生组织精神健康和药物滥用部门负责人萨克西纳表示，一个对游戏上瘾的人会失去对游戏的控制，并忽视其他重要的活动，如睡眠、吃饭、工作，这会对这个人造成伤害。

据了解，“网瘾”的患病率约为27.5%。截至2020年12月，我国网民规模超过9.89亿，网络游戏用户规模达5.32亿，其中，青少年用户占比最大，网络游戏成瘾者的绝对数量十分惊人。备受“网瘾”折磨的青少年，玩物丧志，荒废学业，“三观”扭曲，健康受损，因此而走极端者也日益增多，给万千家庭带来无尽烦恼。

近年来，国家有关部门出台整治措施，要求实施网络游戏总

---

① 参见：“央视新闻”2021年10月10日。

量调控，实行网络游戏实名制，控制新增游戏上网运营数量，强制开启青少年适龄提示模式，严格限制未成年人的使用时间。遗憾的是，由于种种原因，看似严厉的诸多监管举措，遭遇不同方式的“灵活变通”，监管效果被打折扣，沉迷游戏者持续增加。

上述监管措施，主要从监管游戏运营平台和限制游戏者年龄以及使用时限等方面着手，忽视了对网络游戏产品本身成瘾性级别的监管，造成大批极易成瘾的网络游戏，堂而皇之出现在各大平台。众多玩家就是被这种游戏吸引而不能自拔，最终染上“网瘾”。

由此看来，要大幅度减少“网瘾”患者，现有监管制度显然“力不从心”。有必要重视游戏开发环节的监管，由专业机构对网络游戏产品进行成瘾性指数评估，依据成瘾性指数高低对游戏进行分类，实行差异化监管。规定移动终端设备只能下载不易成瘾类游戏，极易成瘾类游戏只能在网吧台式电脑安装，全面控制极易成瘾类游戏数量及使用范围。

网络游戏的成瘾性、危害性有目共睹，把极易成瘾的游戏称为“精神鸦片”，并不为过。事实上，沉迷网络游戏的不仅仅是未成年人，还有数量庞大的成年人也深陷其中，已成严重的社会问题，降低游戏成瘾性刻不容缓

当然，对网络游戏实行分级管理，大幅降低游戏成瘾性、限制极易成瘾游戏使用群体，可能影响游戏开发、运营企业的经济利益。但两害相权取其轻，全面评估，从长计议，这种代价必须付出，也值得付出。只有这样，才能兼顾企业利益和社会责任，让“网瘾”患者越来越少，让网络游戏产业行稳致远。

原载：“红网”2021年10月12日[①]

① 转载：《家庭与生活报》2021年10月14日。

教材中的古诗文亟须一次全面校勘

这几天，关于“天将降大任”的到底是“斯人”还是“是人”，在网上讨论得很是热闹，网友们为此吵翻了天。话题“‘故天将降大任于’‘是人’还是‘斯人’”10月27日登上微博热搜榜第一位。有网友质疑：难道以前学的是“盗版课文”？①

对此，人民教育出版社中学语文编辑部回应称，出版社从1961年收录孟子的《生于忧患，死于安乐》课文以来，历套教材文章一直是“故天将降大任于是人也”，从未有过“故天将降大任于斯人也”，不过“斯”和“是”两个字，都表示“这”的意思。

不过，记者多方调查后发现，至少在北京出版社2019年出版的义务教育教科书《语文》（九年级下册）、冀教版小学语文教材（五年级下册）和武汉大学出版社出版的《大学语文》中，都曾出现过“斯人”的版本。显然，“斯人”和“是人”两个版本都曾出现在各地各级学校教材中，且长期“和平共处”。

一个不争的事实是，“斯人”版教材明显流传更久、更广。权威例证有二：2019年4月30日，国家领导人在纪念五四运动100周年

---

① 参见：“东方网”2022年10月29日。

大会上发表讲话时提到，新时代中国青年要有担当“天将降大任于斯人”的时代使命；2021年9月6日，北京大学大党委书记邱水平为北大2021级本科新生讲授“开学第一课”时说，期望新生们有“天将降大任于斯人”的使命自觉。

我国有五千年文明史，古籍文献浩如烟海，有典籍在不同朝代存在不同版本，且同一篇文章在不同版本出现个别词语差异，较为常见，一些问题学术界多有争鸣，由此引发的争论不时见诸媒体。近年热播的央视节目《中国诗词大会》，其中就有一些古诗文的词语、读音、解释被质疑存在歧义，有的文章还被编进教材，引起广泛关注。

值得注意的是，教学实践中，不同版本教材中同一篇古诗文个别词语有异，并非仅有“斯人”“是人”之争。这些词语差异、争议，不可避免会消解教材的准确性、严肃性、权威性，必将给学生带来困惑，无助于增强其学习传统文化的兴趣和信心，不利于学校教书育人。

教材是学习之根本所在，是最正统、最标准、最规范的学习标本，其重要性不言而喻。因此，对近日不同教材中古诗文用语引起的争议，有关部门不应等闲视之，务必高度重视。

为此，教育主管部门与时俱进，对各级学校教材中的古诗文进行一次全面严谨的校勘考证，利用好大量的古典文献数字化资料，以及相关学术研究最新公认成果，统一订正一些长期存在的词语误差，或作出必要清晰的补充注释，正本清源，以平息“斯人”“是人”之类争议，避免教材的权威性和标本意义被“打折扣”。

原载：“红网”2022年10月30日[①]

① 转载：《文化艺术报》2022年10月31日。

“北马”重启，跑出激发城市活力加速度

11月6日，“2022北京马拉松”在天安门广场鸣枪起跑，两万多名跑者迈开步子，用双脚踏出了积极的律动。最终，来自新疆的精英跑者阿奴拜克·库弯以2小时14分32秒的成绩夺冠，刷新了个人的最好成绩，也成为时隔二十年后又一位赢得“北马”冠军的中国男子选手。①

这一天，“北马”迎来了它的四十岁生日。从1981年到2022年，背负着希冀与梦想，“北马”迎来历史节点。过去三年多，国内许多马拉松赛事经历了延期、停办的影响，路跑产业也在年复一年的等待中逐渐失去活力。时隔三年，被称为“国马”的北京马拉松终于回归赛道，这不仅是今年马拉松赛季的重要一步，也是中国路跑产业复苏的重要一步。

值得注意的是，直到发令枪响之前，“北马”应否如期重启仍存不同声音。有人认为，疫情防控依然严峻的情况下，举办如此大规模的户外赛事，隐含疫情扩散的重大风险。据媒体统计，国内在原本计划鸣枪的20多场路跑赛事中，就有接近15场比赛最终都因疫情无法如期举行。

而“北马”组委会对于外界的关心，一直保持着一个态度：

---

① 参见：“澎湃新闻”2022年11月6日。

“北马”肯定要办。即便在赛前发布会被临时取消之后，赛事组委会的态度依旧是“一切正常推进”。直至比赛前一天，北京仍新增43例本土确诊病例和6例无症状感染者，其中5例由社会面筛查发现，“北马”组委会面临压力之大可想而知。

令人欣慰的是，“北马”如期开跑。虽然报名人数、比赛规模、成绩等与往届相比有一定差距，但是，这号称“国马”的比赛发出明确清晰信号，意义不可小觑，不仅是中国路跑产业复苏的重要一步，而且预示着激发城市活力进入“加速度”。

三年多来，我国疫情多发、散发，各地经济、社会运营平衡被打破，人民生活秩序被打乱。特别是受影响较严重城市，局部“静默”，烟火顿失，活力不再，连市民基本生活都大受影响，遑论大型体育活动正常开展。

今年以来，随着疫苗接种率越来越高，以及病毒多次变异后病重率和致死率大幅降低，许多国家和地区纷纷调整防疫政策，有条件逐步恢复经济、社会正常秩序。而与此同时，我国一些地区仍然存在过度防疫、层层加码、简单化、一刀切等不容忽视的问题，给社会经济发展和人民生活带来严重影响。

11月5日，国务院联防联控机制研判认为，全国疫情总体可控，在坚持“动态清零”不动摇前提下，要求各地科学精准严格执行疫情防控各项措施，并批评了一些地方的过度防疫现象。在这种情况下，具有风向标意义的“北马”重启发令枪如期打响，释放加速激发城市活力清晰信号，令人鼓舞，值得珍视。据悉，上海、杭州马拉松也将如期举行。

原载：“东方网”2022年11月7日[①]

① 转载：浙江卫视2022年11月7日。

有一种励志叫“超长待机25年”

据中国载人航天工程办公室消息，在载人飞船与空间站组合体成功实现自主快速交会对接后，神舟十五号航天员乘组从飞船返回舱进入轨道舱。完成各项准备后，11月30日7时33分，翘盼已久的神舟十四号航天员乘组顺利打开“家门”，热情欢迎远道而来的亲人入驻“天宫”。随后，“胜利会师”的两个航天员乘组，一起在中国人自己的“太空家园”里留下了一张足以载入史册的太空合影。①

神舟十五号载人飞船于11月29日23时08分发射升空，其搭载的三名航天员中，费俊龙是时隔十七年再上太空，邓清明、张陆是首次出征。值得一提的是，邓清明属于我国20世纪90年代选拔的14名航天员之一。这批航天员仍在役者9人，已退役5人。邓清明是唯一没有执行过航天任务的在役航天员。换句话说，五十六岁的邓清明为了圆航天梦，“已超长待机25年”。

据了解，25年来，邓清明曾先后入选神舟九号、神舟十号、神舟十一号、神舟十四号等飞船的“备份”航天员，进入强化训练队。作为一名航天员，“备份”和“主份”训练的科目、时间、

① 参见：“人民网”2022年11月30日。

内容、强度以及考核标准，完全一样。要想独立执行载人航天飞行任务，航天员必须通过八大类、上百个科目训练的严格考核。遗憾的是，邓清明数次因微乎其微的分差，与飞天梦擦肩而过。

不过，邓清明并没有被挫折打败，反而愈挫愈勇，把每一次遗憾当成难得的学习积累机会，激励自己更加刻苦训练，以保持最佳身心状态，时刻准备响应祖国召唤，即使“超长待机25年”也毫无怨言。邓清明说：“宁可备而不用，决不用而无备。追逐苍穹的路上，我从没想过放弃。”他言行一致，用汗水践行庄严诺言。

雄鹰的目标是翱翔蓝天，航天员的终极理想是奔赴星辰大海。众所周知，担当航天员的条件十分苛刻，选拔万里挑一，每个科目考核都在挑战人类极限，而支撑他们经受住魔鬼般训练的信念就是执行载人航天飞行任务。像邓清明这样为实现飞天梦，长期甘当“备份”航天员，难能可贵，令人敬佩。

成功不能一蹴而就，奋斗必然荆棘密布。邓清明“备份”航天员的英勇故事启示我们，有一种励志叫“超长待机25年”。正是这种与众不同的“待机”，让邓清明持之以恒，刻苦训练，最终圆梦苍穹。这种“待机”，就是“特别能吃苦、特别能战斗、特别能攻关、特别能奉献”的我国载人航天精神的生动体现。正是有了一个又一个勇于“待机”的邓清明，中国航天人才能一次又一次刷新飞天壮举，为人类探索、利用浩瀚太空，留下中国人更多、更远的光辉足迹。

原载：“红网”2022年12月1日[①]

① 转载：《梅州日报》2022年12月2日。

直播“狠PK”刹不住，“唯流量是图”惹的祸

最近，网名为“三千哥”的主播在直播PK喝酒后去世，引发关注。记者调查发现，目前网络平台上各种“狠PK”仍层出不穷，比如吃生鸡蛋、喝洗脚水、喝酒惩罚、鞋底打嘴……有关人士认为，网络直播不能唯流量是图，要严格规范此类好勇斗狠、助长戾气的“狠PK”，还网络清朗空间。[1]

网络主播“三千哥”本名姓王，1989年4月出生，在直播PK中喝下至少四瓶白酒后去世。“三千哥”在直播中一般选择“狠PK”。据直播平台有关人士介绍，该主播当晚采用多个账号直播，绕开平台审核规则，“其PK饮酒被平台中断后，又连续更换多个账号饮酒并有遮挡酒瓶等动作，持续躲避平台审核”。

令人唏嘘不已的是，二十多天前，网红主播“中原黄哥”同样在“狠PK”直播过量饮酒后离世。6月5日，其友人披露，“三千哥”还曾参加“中原黄哥”的葬礼，“当时他还说以后要少喝点”。想不到自己很快也因“狠PK”喝酒而离世。

直播PK是在同一个直播平台上，一个主播向另一个主播发起挑战，然后根据各自粉丝的打赏产生相应分数，在规定时间内分数高

① 参见：“新华每日电讯”2023年6月8日。

者胜出，失败一方将面临花样百出的惩罚。这种“玩法”比一般直播更具娱乐性、刺激性、互动性，主播也可更快“涨粉”。

但在一些主播和平台的操作下，直播PK很多时候变成一种低俗、恶劣、玩命的“狠PK”。为博眼球、赚流量、求打赏，主播之间通过连麦、同屏等方式进行比拼、对抗、攻击，一些主播不惜突破法治和文明底线，或丑态百出，或高强度体罚，或约架斗殴，或玩出人命。“三千哥”“狠PK”喝酒后去世，是又一人间悲剧。

直播“狠PK”为何刹不住？都是“唯流量是图”惹的祸。业内人士告诉记者，一场直播PK，主播和平台一般是按照5∶5分成。有些大主播一场PK就能收到二三十万的抖币，按照平台七个抖币为一元算，价值三四万元，其中平台就可以得到一两万元。主播吸引的流量越多，打赏的抖币等越多，平台收益就越高。

在这种明规则“激励”下，潜藏极大风险的直播PK喝酒之类只被平台列为三级（一般）违规行为，情节严重者最高才被处罚禁播七天；而主播却可轻易“躲猫猫”，或与平台玩“打游击”，或遮挡酒瓶逃避审核，或用多个账号“换马甲”继续“狠PK”。总之，为了流量（金钱），平台可以对各种违规高举轻放，主播尽可以左挪右腾规避监管。

网络直播并非无禁区，平台不得敷衍塞责，主播不能毫无底线，法规不应出现漏洞，监管不该再留死角。“三千哥”之死引发的反思不应停留在声声叹息中，整治直播“狠PK”乱象刻不容缓，监管部门“有形之手”应当重拳出击，对主播该封杀的全网封杀，对平台直播PK该取缔的果断取缔。

原载：“东方网”2023年6月9日[①]

① 转载：“人民日报客户端”2023年6月9日、《城市导报》2023年6月15日。

大学校园预约参观不妨优待“亲子游”

7月8日起，清华大学、北京大学将恢复校园预约参观通道，面向社会公众开放校园。目前，两校可预约日期内的参观名额均已约满。记者调查发现，趁此机会，不少兜售“名校门票”的“黄牛”又露头，甚至还有不法分子打着“有偿入校”的旗号，诈骗钱财。一名带着孩子的女游客在网上花100元找人帮忙预约入校，但刷身份证时闸机却显示“未查到预约信息”。①

记者登录某二手交易网站发现，兜售“申请入校”服务的“黄牛”数量众多，而“清华北大入校名额”也已经变成一种“商品”，被明码标价——清华的预约价格在每人80元至120元不等，而北大的入校名额则高达150元至200元。“每天北大放出的预约名额比清华少一些，所以价格更高。”一名“黄牛”向记者解释。社交平台上，不少网友提到，清华、北大的校园开放预约名额“秒光”，火爆程度堪比热门景点。

值得注意的是，清华、北大均曾发文，明确抵制有偿申请预约入校的行为。清华表示，该校为教学科研单位，非旅游景点，不向任何机构和个人收取参观费用，抵制黑导、游商等非法经营行为。

---

① 参见：《北京晚报》2023年7月6日。

北大也明确，校园参观不收取任何费用，拒绝以任何名义提供参观服务的有偿预约行为。

近年来，参观游览知名大学，感受校园之美、浸染氤氲书香，备受广大家长和中小学生欢迎，成为寒暑假“亲子游”重要选项。但是，大学毕竟不是风景区，接待、承载能力有限，加上游客“打卡”集中在寒暑假，像清华、北大这样的知名大学预约参观火爆，不足为奇。

最近，国内多所知名大学暑期对外开放参观，门票预约方式大同小异，也不同程度存在名额不足、难以预约、“黄牛”活跃等问题，不少慕名前往的游客特别是“亲子游”家长，或吃“闭门羹”，或被“黄牛”割“韭菜”，或遭诈骗钱财，不得不抱憾而归。

有关统计资料显示，以往参观大学校园的游客中，远道而来的“亲子游”占比最大，他们的需求更为迫切、态度更为真挚、参观更加认真，也更契合大学校园开放的初衷。通常而言，一个家庭组织一次“亲子游”颇为不易，花费的时间、精力、费用比其他人要多得多，临时改变行程也困难得多，他们显然期待能获得更加公平合理、更为人性化的照顾。

为此，各地大学特别是知名大学对社会开放校园时，不妨优待“亲子游”，改进校园门票预约规则，在寒暑假期间优先满足“亲子游”参观需求。大数据时代，网上门票预约实行“亲子游”优先，不存在技术障碍，不额外增加管理成本，关键是更新观念。这样做，不仅有助于大学开放校园取得更大实效，还有助于打击“黄牛”兜售免费门票牟利，一举多得，何乐不为？

原载：“东方网”2023年7月7日[①]

① 转载：浙江卫视2023年7月7日。

保护乡村老地名，也是守护乡愁记忆

近日，民政部印发《关于开展“乡村著名行动”助力乡村振兴的通知》（以下简称《通知》），要求进一步发挥地名工作在全面推进乡村振兴中的积极作用，以乡村地名采集上图标注为牵引，全面推进乡村地名命名管理、地名标志设置维护、地名文化保护弘扬、地名信息深化应用和地名赋能产业发展，全面提升乡村地名建设水平，助力乡村全面振兴。①

《通知》要求，应当坚持因地制宜，立足不同乡村地区的发展现状、资源禀赋、区位条件等，合理确定工作重点和目标任务，分类施策、体现特色，不搞齐步走、“一刀切”，努力创造符合实际、特色鲜明、务实有效的地名管理服务模式。

《通知》强调，各地要注重发展繁荣乡村地名文化，推进地名文化进村居，讲好群众身边的地名故事。建立地名保护名录，将历史悠久、内涵丰富、特色鲜明、具有重要传承价值的乡村地名纳入保护范围，不随意更改老地名，守护好精神家园。

规范地名管理，是推进国家和社会治理现代化的基本要求。

---

① 参见：“人民网”2023年7月17日。

“乡村著名行动”是国家主管部门为规范乡村地名管理出台的专门性文件，体现了对此问题的高度重视。值得一提的是，《通知》强调保护好颇具地方特色乡村老地名，有很强的针对性、必要性和紧迫性。

四十多年来，随着社会经济快速发展，我国乡村建设日新月异，村容村貌发生翻天覆地变化。与此同时，一些饱含历史韵味的老地名随之流逝，悄然消失在美丽新农村建设名册上。因为，在一些人眼里，那些乡土味浓郁的老名字，或“不合时宜”，或不够“高大上”，或“名不符实”，已不利于更好地宣传新农村发展理念，无法适应新时代要求。

问题在于，每一个乡村老地名，其实并非若干汉字的简单组合，而是浸染历史痕迹，流淌着人文血脉，倾注有一代又一代乡民的情感，寄托着外出游子的乡愁，是一个地区历史文化不可或缺的组成部分。可以说，让乡村老名字流传下去，本身就是沧海桑田的最好历史见证，是一个地区特色文化的自然传承。

由此可见，国家有关部门着力推进“乡村著名行动”，对乡村地名命名实行更为严格管理和规范利用时，强调突出保护好老地名，有助于抑制一些地方轻率更名冲动，可以避免更多老地名人为消失。因地制宜，保护好乡村老地名，使其更多地承载文脉、铭记历史，也就守护了乡愁记忆。

原载：“东方网”2023年7月18日[①]

① 转载：《黑龙江日报》2023年7月19日、《城市导报》2023年7月20日。

期待更多公共文化服务“惯例”被打破

记者从江苏省南京市文旅局获悉，为更大限度满足公众参观需求，7月31日起至10月8日，南京六朝博物馆取消周一闭馆，市民、游客周一至周日每天都能参观。[①]

“周一闭馆”是国际通行的“惯例”，主要是为博物馆设施、文物展品的休整和保养留出时间。选在每周首个工作日、客流量较小的周一闭馆休整，一般来说，当天博物馆会安排一线工作人员调休，其他人员正常工作。据了解，六朝博物馆周一开放后，相应调整了设备维护和文物保护工作时间。

值得一提的是，杭州也打破了周一闭馆的惯例，7月31日起，杭州调整52家市属国有博物馆的开放时间，实行分类错时开放，市民、游客每天都可以参观博物馆。而洛阳作为十三朝古都，多年前就探索博物馆在当地重要节庆、节假日取消“周一闭馆”，今年四五月洛阳牡丹文化节期间，各博物馆每天开放。

在我国，文博馆周一闭馆惯例由来已久。从展馆设备维护、人员轮休角度看，周一闭馆有其必要性。如果周一照常开放，不仅会

① 参见：“澎湃新闻”2023年7月31日。

增加展馆工作量以及人员调配困难，还额外增加运维成本。从这个意义上说，南京等市为满足群众参观需求，不惜打破文博展馆周一闭馆惯例，难能可贵，值得肯定。

最近，“预约参观”这一惯例也被一些文博展馆打破。当下，“不预约、不参观”已成社会共识，现场领取（销售）门票窗口大多被取消。但是，一刀切的“预约参观”，给不习惯使用手机上网的老年人以及来不及预约的游客带来不便。为此，位于上海的中共一大纪念馆、二大会址纪念馆等红色场馆，自今年5月18日起实行免预约入馆措施，当馆内观众达到限流峰值时，将采取临时管控措施；而在广东东莞市博物馆，六十岁以上老人不受预约限制，可随时进场参观。

还有“雷打不动”的每天开放时间这种惯例，也在被打破。自7月8日起，故宫博物院提前半小时开门，开馆时间由8∶30提前至8∶00；7月18日起，国家典籍博物馆举办夜场专题系列活动；暑假期间，上海有17所博物馆特地延长了开放时间，上海博物馆每周五还增设夜场，开放至21时；而洛阳博物馆早在4月14日开始就增加夜场开放。

随着我国经济社会建设快速发展，国人的历史和文化自信越来越强，文化需求日益旺盛，参观文博馆热度不减就是最好证明。不过，近期旅游热点地区文博展馆门票“预约难”乱象背后，表明一些展馆在改革创新、挖掘潜力、提升服务等方面，还有明显改进空间。有关部门应当与时俱进，强化服务意识，创新服务方式，因地制宜，聚焦问题导向，打破更多公共文化服务惯例，以满足人民群众日益增长的文化需求。

原载：“东方网”2023年8月2日[①]

① 转载：“人民日报客户端”2023年8月2日。

“烧钱”大战不是“鸡娃”的正确打开方式

7月份信用卡还款当天，徐女士突然发现手头资金告急，这让她决定盘点一下暑期花了多少钱。仔细把一笔笔钱加在一起后，徐女士吓了一跳：“纯算孩子的花费，已经超过了5万元。”以“暑假账单”为关键词在小红书上搜索，会发现不少家长晒出一家三口五天国内旅行花费的万元账单，如果将时间拉长，或者选择出国游，花费将会达到3—5万。①

然而，旅游仅是很多家庭暑期花费中的一部分。“我身边的朋友中，有的给孩子报名了‘研学游’，不到一周就是五六千元，其余的大部分都给孩子报名了兴趣班，每节课至少二三百元，几门加起来近万元。”一位家长告诉记者。“现在就希望娃赶紧开学，不然我的钱包是真的遭不住了。”在孩子欢声笑语的假期生活背后，社交媒体上很多家长说出了自己的心声。

近期，温州一家媒体针对家庭群体发起了一项关于暑期花销的调查。调查数据显示，暑期花销在5000—10000元之间的家庭最多，占比35.27%，紧随其后的分别是花销在2000—5000元和10000—30000元两个区间的家庭，比例为30.62%和23.64%，仅这三个选项

---

① 参见：“新华每日电讯”微信公众号2023年8月13日。

占比就达到了近九成。

上述数据有一定代表性，表明“烧钱”大战的确是今年暑期家长们“鸡娃”的一大特点，从各地景区“亲子游”热潮、“研学游”火爆，以及线下各种“兴趣班”热度不减，可见一斑。在许多家长眼里，孩子就是一切，一切为了孩子，让孩子走出家门开阔视野，培养良好学习兴趣，花费多一些是应该的，也是值得的，一些家长因此透支信用卡，也在所不惜。

事实上，这些参与“烧钱”大战的家长，不乏家庭条件并不宽裕者，之所以舍得“烧钱”，很多时候是攀比心理作怪，看到别人带孩子出门旅游、报“兴趣班”，即使“打肿脸充胖子”，也不甘人后，完全不顾经济条件差异、孩子禀赋及兴趣爱好不同等实际。况且，“烧钱”本身并不能与素质教育画等号。

其实，家长们要丰富孩子暑期生活，方式多种多样，并不是非“烧钱”不可。如：引导孩子就近扎进图书馆，畅游知识海洋；带领孩子走进市郊田间地头，领略乡村风貌；陪同孩子走进附近博物馆、科技馆，感受历史、科技之美；一家人逛逛公园、一起看场电影，享享天伦之乐。如此过暑假，花钱少、受益多，小孩轻松、家长放心，自由自在，何乐不为？

暑期本来就是孩子放松身心的最好机会，遗憾的是，在一些网络舆论贩卖焦虑和攀比之风裹挟下，不少家长花钱大手大脚，硬生生把暑期变成“第三学期”，苦了孩子，也累了家长，得不偿失。家长们还是少些攀比，多些理性吧，“烧钱”大战不是“鸡娃”的正确打开方式。

原载：“东方网”2023年8月14日[1]

① 转载：浙江卫视2023年8月15日。

“办学特色”不是加重学生负担挡箭牌

近日，一名南方某市开发区实验小学的学生家长张先生，将一份印有“小学生必须掌握的八个技能”的文件照片发到网上，并感叹：“能说一口流利的普通话和英语，小学生都这么难了吗，感觉家长的压力也大。”相关内容引发关注。①

图片显示，“小学生必须掌握的八个技能”包括：娴熟掌握包括游泳在内的两项运动；小学阶段完成不低于1000万字的阅读量（约200本课外读物，其中必须包含30本纯英语读物）；能说一口流利的普通话和英语；在毕业前能参与完成一项实验，并写出一份较完整的实验报告等。

针对网友热议，该校工作人员回应称，这“八个技能”是学校的办学特色之一，“需要学生家长和家庭的共同努力”。对此，不少网友感到震惊：“看到最后一个，以为至少要发表SCI论文一篇呢。”“这个要求太费家长，不是钱的问题。乐器可以学便宜的，书可以借，但是，家长真的太累了。”“这是要把孩子累死的节奏？”也有人质疑：“吹牛，英语部分看看大学生能做到不？”

---

① 参见：“澎湃新闻”2023年10月8日。

家长的担心和网友的震惊不无道理。根据我国的《语文课程标准》，小学阶段学生课外阅读量在145万字以上，上述学校对阅读量要求已然超标。比对《中国英语能力等级量表》，小学阶段英语能力水平应达到二级水平，即“能用简单的语言进行基本的日常交流”，这一标准离“能说一口流利英语”显然有巨大差距。

因此，仅“阅读量”和“英语能力”这两项，表明要求小学生“必须掌握的八大技能”已超标、超纲，甚至违反了小学生心智成长普遍规律。校方有无认真评估过，面对如此“高标准”“严要求”，小学生们要付出多少时间才能达标？家长们又要耗费多少精力和金钱，才能帮助孩子完成这些课外学习任务？这种情况下，减轻学生过重负担从何谈起？

按照当事学校的说法，这“八个技能”是他们“办学特色之一”。学校办学都希望办出自身特色，这无可厚非。但是，任何“办学特色”，其所含内容均不得超出教学大纲要求，不仅要适应不同阶段学生身心健康成长规律，还应当符合国家关于为学生减负的文件精神。换个角度说，“办学特色”不是学校加重学生负担的挡箭牌。

近年来，国家大力推进“双减”工作，且在社会各界的共同努力下，取得阶段性成效。但是，不可否认，当前仍有一些教育机构热衷打“擦边球”，打着“素质教育”等幌子，绞尽脑汁夹带“私货”，无形中令学生负担加重。这些做法，不可避免会消弭“双减”政策效能，而以“办学特色”之名行加重学生负担之实，即是典型案例，应当引起有关部门高度重视。

原载：《河南日报》2023年10月10日[①]

① 转载：《市场星报》2023年10月11日。

“哲学大佬”吸烟摊上事也是一堂哲学课

近日，有网友反映复旦大学退休教授王某某在参加讲座时，在台上公然吸烟。10月10日，深圳卫健委发文介绍事件经过。据了解，吸烟一事发生于2023年6月9日，王某某受邀到深圳，在“华董书院经营塾”活动上开讲。网络视频显示，王某某坐着边抽边讲，主持人与其当面交流时还主动帮忙递烟。[①]

10月8日，深圳市南山区卫生监督所的执法人员来到涉事地点，进行调查取证。涉事公司工作人员曾先生确认，王某某在“华董书院经营塾”讲座上吸烟，公司未及时进行劝阻。执法人员依据《深圳经济特区控制吸烟条例》第三十八条，对涉事公司发出警告，责令其立即改正违法行为。接下来，执法人员还将对王某某个人在禁烟场所吸烟的问题，进行调查处理。

据了解，王某某近年以其风趣幽默、深入浅出的“脱口秀”式的讲课风格，成为“网红哲学大佬”。与他的哲学金句一同“出圈”的，还有他烟不离手的习惯。深圳卫健委在文中表示，“王某某哲学讲得好是一回事，在公共场所违法吸烟又是另一回事。”

---

① 参见：《中国青年报》2023年10月11日。

“哲学大佬”在深圳吸烟摊上了事，引起关注。有网友觉得这是小题大做。“你接受不了他讲课时吸烟，可以不去听。”有人质疑，他不吸烟就不来灵感，还怎么讲课？也有人劝导，人家退休了还发挥余热，宽容点吧。而更多的人则认为，此事一码归一码，政府控烟条例摆在那里，人人都须遵守，“哲学大佬”也不例外。

这位“哲学大佬”不是首次摊上事。疫情期间，王某某在线上直播讲课时也“吞云吐雾”，直播间烟雾缭绕。有家长看到后向有关部门举报。涉事单位由于没有对吸烟者进行阻拦，违反《上海市公共场所控制吸烟条例》，遂被处罚3500元。不过，由于王某某讲课很受大学生欢迎，其任职高校期间似乎未因吸烟被举报，虽然每次上课都“吞云吐雾”，但学生们“心甘情愿”吸二手烟，有学生甚至放言，就算戴着防毒面具，也要听他的课。

问题在于，此一时，彼一时也。一是各地控烟政策越收越紧，公众的禁烟意识越来越强；二是撇开“哲学大佬”网红教授身份不谈，从普通公民角度要求，公共场所不吸烟已成社会共识；三是随着法治建设持续推进，法律面前人人平等理念深入人心，违法行为被举报概率自然越来越高。

人类哲学素有终极三问：“我是谁”“我从哪里来”“要到哪里去”，“我是谁”是根本命题。人与动物的区别不在于自然属性，而是社会属性。人类社会是按一定规范组成的共同体，而林林总总的规范需要大家共同遵守，演进到当今文明社会，谁也不应享有法外特权。换句话说，规则面前无“大佬”。

回到现实社会，基于人的社会属性，如何面对普遍公共规则，追问“我是谁”显然具有并不抽象的哲学意涵。因此，从这个意义上说，“哲学大佬”吸烟摊上事，对其本人以及公众来说，也是一堂严肃的哲学课。大家以后遇事想尝试挑战规则时，不妨发自灵魂深处自问：“我是谁？”

原载：“红网”2023年10月12日[1]

① 转载：《梅州日报》2023年10月16日。

《新华字典》亟须“咬文嚼字”式修订[①]

12月15日，一网友发视频称，正式起诉《新华字典》。该网友表示，《新华字典》中释义“玩”“别”“累”三字时，分别举例“玩弄女性”“腰里别着一支手枪”“孩子小成了累赘”等，涉嫌违反《出版管理条例》。该网友还表示，《新华字典》第12版中，没有“倭寇”一词，涉嫌违反《中华人民共和国爱国主义教育法》。上述网友表示，已将起诉材料送至杭州市余杭区人民法院。[②]

对此，网友议论纷纷，有人认为这是“小题大做”“蹭热点之举”，但更多的人则对上述网友做法表示支持，比如：“《新华字典》摊上事了。”“感觉和以前的有所不一样，你们好勇敢。”“终于有人站出来了，不是敏感，是必要的发声！”“这种很容易误导三观尚未成熟的孩子们，如果属实，希望一定要严惩。”

这是一年多来相关话题第三次引发关注。去年6月，针对有网友投诉《新华字典》中“玩弄女性”等释义，广西全州县检察机关曾发起专项检查，后被上级检察机关认定此举履职不当。今年6月，有网友指出《新华字典》删除“倭寇”一词。对此，“中国出版营

① 本文曾登上“今日头条”热搜榜第一名，当天阅读量336万次。

② 参见：“极目新闻”2023年12月16日。

销周报”微信公众号随后发文称，《新华字典》作为小型字典，重在收字，从20世纪50年代至今，所有版本中，在“倭”字下都未曾收录“倭寇”这一词语，因此所谓“新版删除”该词不属实。

《新华字典》是我国最为普及且影响最大的工具书之一，也是“世界上发行量最大的辞书”之一，为中华民族的文化普及和教育事业发展作出了巨大贡献，已成为中华文化的标志性符号。自1953年11月出版以来历经十余次修订，2020年8月第12版《新华字典》出版发行，被称为修订次数最多的辞书。

检索资料看见，《新华字典》最近几次修订，主要是新增一些单字释义及词语，如延展“秀”“门”“晒”等单字字义、增加“网民”“点赞”“光盘”“拼车”“二维码”等新词。这种做“加法”的修订，映照时代新意，见证社会变迁，值得充分肯定。

但是，一个不容回避的事实是，《新华字典》近几次修订有重扩展字义、增收新词语，而轻修订旧有释义内容之嫌。这导致了一些与新时代社会观念、法治理念“违和感”明显的例句及释义依然在列，从未被修改。像“玩弄女性”“孩子小成了累赘”之类词句就是典型例子，频遭非议不足为奇。

上述网友起诉结果如何，不妨静待法院裁决，但由此引发的舆情值得深思，理应高度重视。《新华字典》作为使用最广泛工具书之一，担负着其他辞书不可替代的重大使命，出版机构务必正视不足，与时俱进、下定决心，对占比最多的释义内容来一次“咬文嚼字”式的修订，不放过丝毫差错。特别是要替换掉那些已显陈旧、不合时宜的例句，使之经得起文化、法理和历史的推敲，让这位“无声的老师”得以不辱使命，堪当国家语言文字规范标准的宣传者、引领者和促进者。

原载：“红网”2023年12月17日

网红上热搜榜亟须一张“负面清单”

12月18日23时59分，甘肃临夏州积石山县发生6.2级地震，震源深度10公里。截至目前，地震已造成甘肃113人遇难、青海14人遇难，部分水、电、交通、通信等基础设施受损。在党中央统一部署下，抗震救灾各项工作正在紧张有序进行，与救灾相关的多条新闻登上12月19日各平台热搜榜。

与此同时，有两位网红的“鸡毛蒜皮”也上了平台热搜。一位是正在英国读书年仅十四岁的某星二代回到北京过圣诞，在餐厅花四百元吃了三个包子登上热搜榜，阅读量达368万；另一位号称“研考推广大使”的张某峰，在社交账号发了句“这个天骑电动车确实有点冷”，并配上一张户外骑车自拍大头照，也上了热搜，阅读量113万。这两条热搜内容，在热搜榜上显得有点扎眼。

这两位都是妥妥的网红，是各平台热搜榜的常客。前者从小到大成长在聚光灯下，穿衣打扮、一举一动、一颦一笑，都引人关注，一些媒体不吝版面报道，频频登上热搜榜；后者则以不时发表争议、出位言论吸睛著称，屡屡引发热议，又次次安全过关，不但毫发无损，还额外赚得又一波流量，令人称奇。

近年来，网红频上热搜并非个别现象，可谓平台热搜榜“熟面孔”。上榜理由、内容五花八门，但大多不外乎八卦、炫富、无聊或狗血言论，但阅读量动辄上百万、千万甚至上亿，令人咋舌，每一次都会收割可观流量，屡试不爽。

上述两位网红上热搜就是最新例子。移动互联时代，“热搜榜”不是简单的信息展示平台，而是人们传播信息、捕捉热点、感应社会脉搏和神经的主要方式，一定程度上关乎价值取向。遗憾的是，多年来，平台热搜榜泛娱乐化、低俗炒作和营销化倾向突出，失德甚至违法娱乐明星频频“霸榜”，严重冲击主流价值观。

2021年11月，中央网信办印发《关于进一步加强娱乐明星网上信息规范相关工作通知》，从内容导向、信息呈现、账号管理、舆情机制等四个方面提出十五项具体工作措施，建立“负面清单”，力求有效规范娱乐明星网上信息，已收到明显成效。

值得注意的是，上述《工作通知》主要是针对娱乐明星“霸榜”乱象，不涉及日益增多的网红靠“鸡毛蒜皮”之类上热搜榜现象。时下不少网红拥有大量粉丝、自带流量，其无营养言行“霸榜”，挤占过多公共资源，不可避免造成不良影响，甚至污染网络空间，破坏力不输娱乐明星，值得关注。

因此，国家有关部门有必要适当扩展上述《工作通知》文件适用范围，将粉丝数达到一定数量的各类网红，一并纳入规管范围，特别是为网红上热搜榜设立一张“负面清单”，让平台有规可循、监管有法可依，让热搜榜更好地回归初衷、反映民意、彰显价值。

原载：“东方网”2023年12月20日①

① 转载：浙江卫视2023年12月20日。

网红靠直播打赏“一夜暴富”令人忧虑[1]

跳着魔性舞蹈，发着伤感文案，当着驾校教练……三个短视频账号短短几天圈粉数百万，两场直播不停收到打赏礼物。近日，一个有着“70后的长相、00后的心态”的普通人闻会军，就这样受到当代年轻人的追捧。在12月18日上午和晚上，他的“闻神”账号开了两场直播，共收到打赏6000个嘉年华，每个嘉年华税后到手1400元，也就是说闻会军一天赚了840万元（税后收入）。[2]

公开信息显示，闻会军是河北一名驾校教练。他在同一个短视频平台共注册了三个账号，除“闻神”外，还有“利安闻会军驾驶员服务部”“闻会军”。有网友总结，这三个账号就像三个独立的人格，目前总粉丝量已经达到730多万。

闻会军走红与近期爆红出圈的“科目三”舞蹈有关。不过，与不少人自娱自乐形成反差感不同，闻会军视频中的配乐更多样，很注重卡点、对口型，圈粉很快，仅“闻神”账号拥有470万粉丝。有人统计，12月17日，该账号粉丝只有35万，12月21日就达到了436

① 本文登上微博热搜榜，当天阅读量168万。

② 参见：《北京青年报》2023年12月24日。

万，走红四天涨粉超400万，可谓“一夜爆红”。对此，不少网友直言，“有些莫名其妙”“搞不懂，真的搞不懂”。

一个普通人“莫名其妙”成为网红后，靠直播打赏一天内赚取840万元，如此“一夜暴富”，令人闻之无不五味杂陈、心绪难平。并非学富五车，不具出众才艺，不是直播带货，不搞慈善募捐，不讲励志故事，无须卖惨哭穷，只因网红身份以及流量加持，走进直播间开启打赏功能，卖力与粉丝互动，就能财源滚滚如潮涌，这样“提钱”致富，岂不可轻松实现“小目标”？

值得注意的是，像闻会军这样“一夜暴富”的网红并不少见，近年不时见诸媒体。虽然，不同网红走红原因千差万别、直播风格五花八门、粉丝群体类型各异，但是，“网红不问出处”“泼天的富贵”是他们共同的标签，屡屡冲击社会敏感神经则是留给公众的普遍“观感”。

一边是粉丝非理性打赏，一边是网红数钱数到“手软”，更多的人则不免声声叹息、“怀疑人生”：闻会军们凭什么能“躺赚”普通人一辈子都赚不到的巨额财富？这是传递什么“三观”导向？年轻一代从小到大好不容易搭设的心中“理想国”何以屹立不倒？孜孜以求“奋斗”目标还值得坚守吗？

靠直播打赏“一夜暴富”的网红只是少数，但充分反映出社会“有病”，且“病情”不轻，“预后”堪忧，有识之士早已忧心忡忡，值得各界深入反思，亟须群策群力“把脉会诊”。有关部门务必以对国家、人民和社会高度负责的态度，主动作为、履职担当，该立则立、该破则破，守住公平正义、公序良俗以及价值导向底线，为网络直播校正纠偏，让直播间风清气正，充盈法治、公平和理性之光。

原载：“东方网”2023年12月25日①

---

① 转载：《城市导报》2023年12月28日。

“打捞”生僻字应适可而止

“龙行龘龘（dá），前程朤朤（lǎng），生活䲜䲜（yè），事业燚燚（yì）……”这个春节，上述吉祥话串烧成了拜年高频词汇。不过虽然网来网去发得热闹，要问谁能流畅读写，绝大多数人都得摇头，有人自嘲：“没点文化都接收不到祝福了。”

据悉，“龘”最早见于《说文解字》，释义为“飞龙之状”。“朤”古同“朗”，本意为明亮。以此类推，很多人就都懂了——“䲜”寓意为“年年有余”，“燚燚”很可能是祝福“红红火火”。它们由叠字组合拼接而成，似乎能表达多倍的祝福与期盼，为新春佳节讨了个“好彩头”。人们出于新奇藉此往来问候，将过年气氛烘托得格外喜兴热络，这些生僻字也因此“火出了圈”。

以“龘”字为代表的多个生僻字走红，多少有些意外。在中国文字博物馆馆长黄德宽看来，三个龍的“龘”是从两个龍的“龖”发展而来，“在龙年到来之际，用古字‘龘’来体现我们对未来的美好期待，希望新的一年发展得更好、更快，龙腾虎跃、龙马精神，这是可以理解的心情。”换句话说，只是恰逢甲辰龙年，“龘”契合了中国人对“龙”的浪漫想象，于是被媒体“打捞”出来。

值得一提的是，《新华字典》和《现代汉语词典》均没有收入

“龘”字。据统计，《新华字典》第12版收规范汉字9480个、《现代汉语词典》第7版收规范汉字11166个。这两部工具书收字有三原则：一是执行国家汉字规范标准——《汉字表》，二是具有一定通行度和查考性的汉字，三是少收“生僻字”“罕用字”。“龘”字没被上述工具书收入，说明其极为“罕用”。

据黄德宽介绍，事实上，作为一个生僻字，“龘”在文字史上几乎没有实际使用过。如今，人们从浩如烟海的典籍把“龘”字“打捞”出来，显然与国家推进文化自信建设、社会重视文创开发密切相关。这也是近年不断有生僻字被“打捞”的背景因素。

资料显示，我国收入汉字最多的字典是1994年出版的《中华字海》，有87019个汉字（其中重复字320个）。统计数字表明，3500多个常用汉字已可覆盖现代出版物用字的99.48%。理论上说，《新华字典》所收汉字完全可满足人们日常交流、记录使用。而《中华字海》所收汉字绝大多数属生僻字，实际使用概率极低，更多的是文献研究价值。

生僻字蕴含着丰富历史信息，是古代文明传承的载体，属于中华文化遗产不可或缺的组成部分。同时，生僻字存在显而易见的缺陷，早已失去被“激活”价值，进入“故纸堆”才是合理“归宿”。因此，在国家推广汉字使用规范和普及工作六十多年并且取得全局性、历史性成就的今天，除特殊情形和文创需要外，刻意“打捞”生僻字实际无甚意义，反而有为难受众、卖弄高深之嫌，还是适可而止为好。

原载：“东方网”2024年2月18日①

① 转载：“人民日报客户端”2024年2月18日。

复旦大学食堂收“搭伙费”何以上热搜

近日，复旦大学发布公告，对校外人士开放学校食堂用餐。公告显示，校外人员可在用餐高峰期外就餐，可扫微信支付，另收取50%“搭伙费”。在食堂现场，一对从校外来参观的母女对采访者说，她们点了三个炒菜，最终价格是19.8元，价格非常合理，因为学校食堂价格相对都很便宜，适当收取“搭伙费”可以接受。校方也表示，校园食堂对外开放是为了满足游客需求，收取“搭伙费”后，价格依旧会比市场价便宜。[①]

上述公告发布后，引发热议，复旦大学食堂收“搭伙费”相关话题登上平台热搜榜。其中，多数网友对此表示理解、支持，认为高校食堂主要为师生服务，而食堂享受租金优惠、伙食补助、税收减免等政策，加上师生消费群体稳定，成本较容易控制，因此，餐饮价格普遍比较低。对校外人士而言，即使收取50%“搭伙费”，也比市场价格来得实惠。

也有一些网友表示反感，认为这无形中鼓励校外人员“蹭吃”，将使得食堂变得更加拥挤、学生排队时间变长，影响原本便

① 参见：《齐鲁晚报》2024年3月8日。

捷舒适的就餐体验。还有网友觉得收取“搭伙费”可以理解，但收50%比例有点偏高，不太划算。

值得一提的是，从媒体报道可知，此前已有一些高校食堂对校外人士开放，允许他们与师生错峰就餐，其中，有的食堂收取“搭伙费”，比例从20%至80%不等，有的暂时没有另外收取费用。从网友反馈看，有赞也有弹，各方理由大抵如上述言论。

实际上，高校食堂对校外人士收“搭伙费”，无论算经济账还是公平账，都无可厚非。高校食堂享受的各类优惠补贴，通常根据师生数量核定，假如不收“搭伙费”，很可能引来众多校外人士进来就餐，不可避免挤占相应补贴，影响食堂实际经营收入。

更为重要的是，从社会公平角度看，高校食堂不收“搭伙费”可能衍生不公平竞争问题。如今，高校外围一般都设有大量餐饮服务企业，它们自主经营、自负盈亏。如果高校食堂不收“搭伙费”，在校园对社会人士开放的情况下，难保附近群众不会经常性涌进“搭伙”，进而影响周边饮食店做生意，导致校内校外企业不公平竞争，引发不必要矛盾。

近年来，大学校园对社会开放渐成共识，许多高校为此专门修订管理办法，旨在不影响大学正常教学秩序情况下，为校外人士提供更好配套服务，提升他们参观游览体验。复旦大学食堂对外开放并收取“搭伙费”，显然是开放校园配套举措之一，合情合理，大可推而广之。至于收取“搭伙费”比例，各高校可根据所在区域、补贴金额以及周边群众大概消费能力确定，没必要互相攀比或“一刀切”。

原载：“东方网”2024年3月11日[①]

---

① 转载：“人民日报客户端”2024年3月11日。

附文

五

徐林生——“好评中国”当有“平视世界”的自信

2021年3月6日，习近平总书记看望参加全国政协会议的医药卫生界教育界委员时说，“70后、80后、90后、00后，他们走出去看世界之前，中国已经可以平视这个世界了，也不像我们当年那么‘土’了……”总书记这一席话，让人百感交集，思绪万千，更令人精神振奋。中国可以“平视世界”，是新时代日趋显著特征，也是新青年之幸。

党的十八大以来，我国改革开放和社会主义现代化建设取得了举世瞩目、彪炳史册的历史性成就，实现了全面建成小康社会的第一个百年奋斗目标，成为中华民族伟大复兴征程上又一座重要里程碑，我国正满怀信心地走近世界舞台中央。这些新时代伟大成就，是中国可以“平视世界”的力量和底气，同时蕴含“好评中国”评论大赛取之不尽的绝佳素材。

例如：人类反贫史上奇迹——我国历史性全面消除绝对贫困，人民生活水平得到空前改善，“人民至上、生命至上”生动诠释——疫情防控取得重大战略性成就，“基建狂魔”——中国基础设施建设突飞猛进，我国进入空间站时代，“绿水青山就是金山银山”理念日益深入人心，“一带一路”国际合作倡议硕果累累……

无论以历史坐标纵向比较，还是以国际视野横向对比，每一个“中国奇迹”都经得起世界上任何不带偏见的拷问，值得全国人民自豪和骄傲，是“四个自信”论断的实践源泉。

都说“言为心声”，很难想象，一位对“新时代、新征程”极为丰富的内涵认识不深、理解不透的新青年，哪来“平视世界”的自信，何以“评好”当代中国。因此，写作者动笔之前，务必认真梳理新时代新成就，并用国际化坐标来审视，加深理解，增强自信，以提高文章选题、立论的格局。以世界眼光观照中国，显然是“好评中国”一个很有价值的角度，值得尝试和努力。

当然，再宏大的评述，都可以从小处着笔。“好评中国”的选题，不妨择取新时代中国的一个微观“切面”入手，通过纵横比较、多维度论证，以小见大，得出令人信服的论点。这个“切面”，可以是一个村庄、一个地区，可以是一个街道、一座城市，可以是一台机器、一个产业，也可以是一个人、一个组织……

值得注意的是，评论文章引用的论据（人物、事件、数据等）应进行严格把关，确保出自权威机构发布、主流媒体报道，避免任何“硬伤”，经得起现实和历史推敲。

——摘自《网络评论方法论》（贺永祥主编，民主与建设出版社，2024）

王传宝——“冷眼”与“热肠”①

徐林生是我熟悉和喜欢的时评人。区别于其他评论员的，是国企管理者身份，以及游离于媒体圈外的“旁观者”标签。“用旁观者的冷眼看世界，以在场者的热肠开良方”，是其观察视角，也是写作初心。

《旁观者说》是徐林生的第二本时评文集，收录了其近年发表的120篇时评。综观全书，其评论很好地把握了“旁观”和“在场”的平衡。时刻保持“在场”，才能有感而发，不吐不快；与新闻事件保持“旁观”距离，才不会被浮云遮望眼，让评论达到“情事理”的结合。

时评讲究时效性，有人认为是“易碎品”。但品读《旁观者说》，作为一个资深评论人，我深为徐林生文章的耐读性而折服。统而言之，徐林生的时评有如下特点：

首先，稳定的价值观。这使得他在进行价值判断时，不人云亦云，而是有着自己独到的见解，或为弱者鼓与吹，或为不公平现象

① 王传宝，国防大学政治学院教授，博士生导师，知名时评家。此文是王传宝为《旁观者说》撰写的书评。

而呐喊，或为法治社会的建构而发声，始终以热忱的笔触，担当道义，书写良心文章。

其次，冷静的判断力。判断力是一个评论员最重要的品质，判断力的形成需要学识，也需要对冷静情绪的把控。徐林生的纸包着火，但又不轻易放纵自己的笔触，不让情绪左右自己的分析，最终达到拨云见雾、准确解剖时事肌理的目的。

第三，理性的阐释力。评论最重要的是观点，但有一个观点并不难，难的是让人接受你的观点。这就需要深厚而独到的阐释力，阐释力需要洞悉和把握逻辑魅力，让说理链能够自洽，论据能够有力地为论点服务。同时，在有限的篇幅内，徐徐展开，娓娓道来，不强词夺理，不以大词压人，而是以一根看不见的逻辑链，贯穿其中，从而达到以理服人的效果。

第四，深厚的文字功力。徐林生的文字干净，行文顺畅，文章不仅有看头，还有嚼头。不仅有思考，有理性之美，还有感性之美，读起来不觉得累，没有一些时评文章的“八股”味，这与他的文字功夫是分不开的。

当然，徐林生的时评，还不能说完美。一些文章表达的多样性、新闻事件挖掘的深度，稍显不足。但众声喧哗的时代，观点供给常常大于事实供给，有价值的观点永远不会多余。由于很好地平衡了“旁观”与“在场”的关系，徐林生的时评往往能言人所未言，言人所未尽言，言人所未敢言。一个国企管理者，通过业余写作，成为公共领域建构一分子，殊为不易，这一点，尤其值得尊敬。

原载：《羊城晚报》2018年8月26日

《东莞时报》——用旁观者的冷眼看世界，以在场者的热肠开良方[①]

正如殷俊在徐林生时评集《旁观者说》序中所言："好的时评，不仅可以起到激浊扬清，引人入实的效果，而且可以为民众提供解读事件、解读世界的一条好路径。"尤其是在社会事件和时政新闻此起彼伏，互联网和新媒体异常发达，两者相互交裹，时政评点鱼龙混杂的快节奏高发展的当下，优秀的时评人需要如同温远辉说的那种"大智慧，大勇气，大才情"。

在众声喧哗时代，有价值的观点永远不会多余。王传宝表示，徐林生的评论文章，立意高，带着锐度和温度，在指斥时弊的同时，又以建设性为旨要，体现了一个公民的道义价值，成为公共领

---

① 本文为2018年1月5日东莞时报主办的"时报的圆桌"文化沙龙的专题报道。本期主题："时评：视野与角度"；研讨徐林生时评集《旁观者说》。与会嘉宾：羊城晚报报业集团副总经理、广东省作家协会副主席温远辉，《南方日报》高级编辑、文体中心原主任张健人，《南方周末》原编委、著名杂文家鄢烈山，重庆工商大学文学与新闻学院院长、博士生导师殷俊，国防大学政治学院教授、博士生导师、时评家王传宝，华中科技大学新闻评论研究中心主任、教授顾建明，中国作家协会会员、东莞市作家协会原主席詹谷丰，资深评论员、华中科技大学新闻评论研究中心研究员徐林生。"时报的圆桌"沙龙主持：中国作家协会会员、《东莞日报》编委彭争武。

域建构的一分子，值得尊敬。

本次“时报的圆桌”文化沙龙中，我们以东莞时评家徐林生的作品为例，邀请国内时评界的著名时评人、专家教授共同探讨当下时评写作的视野与角度。

视野　宏观的视野与专业的理想

要成为一个优秀的时评家，需要高的学识和人格素养，其中政治、法律、社会、经济等学科背景和造诣对一个时评家的养成有着至关重要的作用。这一方面，徐林生便是一个生动的例子。作为一个“民间”的时评家，徐林生有着中文和法律两个专业背景。中文修养让其写作语言流畅简洁、通俗易懂。“能很好地使用大众化语言是评论者成熟的标识。”顾建明表示，表达精确又通俗易懂是徐林生时评集《旁观者说》的语言的风格，其通俗平易的话语里藏着智慧与功夫。

相对于中文素养的加持，鄢烈山认为，徐林生的法律专业背景更为抢眼。“他的时评言人所未言、未尽言、未敢言。我读之觉得其最大的特点和长处是：公民意识，法治思维，理性、缜密，以追求社会公平正义为鹄的。这与他的法律专业训练应该有很大关系，无须举例说明，从《“等待的”不一定是“严惩”》，《农民工养老金门槛咋就“高人一等”》等题目就可以体味。”鄢烈山说，从其《旁观者说》一书看，通篇都以法律立场，都是法制思想、法治思维，如同一个法官，以事实为依据，以证据为准绳，不预设立场和结论，论证严谨，论证和论点都站得住脚。

徐林生的时评作品给顾建明的启示之一，就是要相信专业。他认为专业是“书生”最主要的社会施展手段和价值实现方式，只有你把专业当回事，对专业认真，专业才会对你认真。因为“个人的精神特长会在专业发展中刷亮，个性的某些缺点也会在专业中被规避与改造”。顾建明解释说。

此外，徐林生担任国企高管多年，有着丰富的管理经验，这样的身份和经历，也让他往往更有大局观全局观、宽阔的视野和严密的逻辑思维能力，作品理性客观又不尖锐，立论更具高度，论证更加严密有条理。

角度　游离于媒体圈的公民立场

徐林生从2002年开始写时评，至今在各式媒体发表时评500余篇，出版《要亲自读书》和《旁观者说》两本时评集。这位被詹谷丰称作“东莞民间时评家”的时评人，自称十多年来一直游离于“媒体圈”外，始终与媒体保持“旁观”的距离。“或许就是这样的状态，自己观察新闻事件时，少了些瞻前顾后，可以放心就事论事，有更广阔的思维空间。”徐林生说，自己构思一篇评论时，只专注考虑能否选准一个有亮点的角度切入，以及立论能否站稳，几乎忽略了自己的身份因素。比如，他2015年底在“红网”发表的《聂树斌案：要舆论监督，不要舆论审判》，随后被“最高人民法院”官方微博加按语后全文转发，此后又被《人民日报》、新华社、中央电视台等中央级媒体均进行报道，引发司法界和舆论界广泛关注。

张健人将徐林生这种游离于媒体圈的旁观者立场称为“公民立场”。他认为徐林生作为一个国企高管，不抽烟不喝酒，十五年来就把业余时间投入到时评写作来，言人所未言、未尽言、未敢言，不仅是因为性格中的好辩，更是因为其自身的公民意识，主动担当起社会公民的责任，追求社会正义。

“他始终关注社会公共生活，关心公共事业，不断在思考言说，参谋治理，传播文明，涵养社会。”顾建明也表示，徐林生始终立于公众立场，以第三者角色来观察与评论，一贯秉持文明进步的价值观念。大量的评论作品彰显出一个公正、文明、进步的批评者为社会立言。

平衡　尖锐性与建设性的艺术

王传宝评论徐林生的时评文章，说其是“在场”和“旁观”的平衡艺术。作为旁观者，他能够在事实判断的基础上，审慎运用自己的价值判断，深沉、缜密、条分缕析，往往言人所之未能言，言人所之未敢言。如《党政机关有权免民企的“原罪”吗》《颁奖似的退赃大会可以休矣，公开拍卖应限制“物归原主”》等。作为在场者，他又能够运用自己的常识，对生活中明显异类的现象，直抒胸臆。如《规划放卫星或缘于吹牛不担责》《有关部门的“迅速”实在太慢了》等。

“在我看来，徐林生有强烈的社会责任感，这是他时时保持‘在场’，敏锐观察社会的前提。但他又是一个理性的建设者，不是为了批评而批评，凡事能够据理而析，行文能够克制自己的情绪，较好地把握住了评论文章‘情事理’的结合。”王传宝说。时评是易碎品，但品读《旁观者说》的文章，他深为徐林生时评文章的耐读性而折服。这主要在于他的文章所发散出的理性光辉和对生活中各种现象的深沉思考。“这一点尤其不容易，能够做到这一点，恰恰就在于他的在场感和旁观者的关系的把握。”王传宝说，徐林生的许多判断是能够经得起时间的检验，给人以直接或深刻启迪的。

“他知道为什么写，兴趣所在，写作业不觉得累。” 鄢烈山说，徐林生有一个正确的写作态度，理性平和，追求客观真实，其写作就像“是银针，是手术刀”，以“救人治世”为己任，其时评能“触到社会的痛点，指出病症，开出药方”。

原载：《东莞时报》2018年1月6日

《东莞日报》——“文化·墨客”徐林生：发表上千篇时评文章，提供建设性意见

“在众声喧哗时代，有价值的观点永远不会多余。”这是在莞生活三十多年的时事评论作者徐林生的核心创作理念。三十六年来，他在《人民日报》等上百家权威媒体发表了1000多篇时评文章，通过“在场”和“旁观”的平衡艺术，站在“公民立场”上发出来自民间的声音，提出具有前瞻性和建设性意见，并以此来推动新闻事件的良性发展，推动社会进步，其中多篇作品在社会上产生了巨大的反响。知名时事评论员王传宝评价说，“其文立意高，带着锐度和温度，在指斥时弊的同时，又以建设性为旨要，体现了一个公民的道义价值，成为公共领域建构的一分子，值得尊敬。”

好的时评不仅可以起到激浊扬清，引人入实的效果，还可以为民众提供解读事件、解读世界的一条好路径。尤其是在互联网和新媒体异常发达的当下，优秀的时评人需要较高的学识和人格素养，其中文学、政治、法律、社会、经济等学科背景和造诣对一个时评家的养成有着至关重要的作用。这一方面，徐林生便是一个生动的例子。

徐林生读初中时，正是20世纪70年代，学习资料奇缺，他就阅读家里书架上仅有的《毛泽东选集》第一、二卷等几本理论性著

作，养成了善于阅读、观察、思考的习惯。他于20世纪80年代大学汉语言文学专业毕业，参加工作后，又修习了法学、公共关系学、经济管理学等多个专业，学科背景多元、知识面广，其评论选材更为多元，风格更加个性，观点更加鲜明，在观察、分析和评论社会事件上往往能一针见血，发人之所未发。

2015年12月，他在“红网”发表的《聂树斌案：要舆论监督，不要舆论审判》，以法理为依据，通过缜密的分析和论述，点名批评一些媒体“拿正义说事”，要求法院早日宣判聂树斌无罪的错误舆论是对法院公正判决的无端干扰。该文随后被“最高人民法院”官方微博加按语后全文转发，接着又被《人民日报》、新华社、中央电视台等中央级媒体报道，引发司法界和舆论界广泛关注。有业界专家认为，这篇评论的价值是为舆论监督与舆论审判画了一条界线。此外，《“评酒大师”不宜参评工程院院士》《99%大闸蟹是假冒，阳澄湖为何不生气》等多篇爆款评论皆是如此。

知名评论员鄢烈山认为，徐林生的时评通篇都以法律立场，都是法治思想，法治思维，如同一个法官，以事实为依据，以法律为准绳，不预设立场和结论，论证严谨，论证和论点都站得住脚。

从1986年12月在《南方日报》发表第一篇评论文章至今，徐林生在《人民日报》《人民政协报》《人民法院报》《中国青年报》《检察日报》《法制日报》等百余家权威媒体发表过新闻评论1000多篇。许多文章被广泛转载，影响较大，堪称“爆款评论”，七次荣获全国性新闻评论大赛奖项。其成功的秘诀除学养、文风、视角等之外，最重要的是他在对社会现象和问题进行深入浅出的剖析之后所提出的前瞻性和建设性意见，为人们提供了一种解决问题的参考和建议。“对新闻事件的建设性评论要比单纯批评重要得多也难得多。评论员不应满足于提出问题、分析问题，还要立足于解决问题，力争对问题的解决提出切实可行的解决办法。”徐林生说，新闻评论最好能给特定新闻事件定性，或者指出特定社会问题的“病灶”并开出可供参考“处方”。

比如2017年9月28日，“红网”刊发了徐林生的评论《师生间的手机“缠斗”亟待立法解围》，分析了智能手机对中小学生学习、生活带来的严重危害后，大胆建言，明确建议教育主管部门主动出台法规，全面禁止中小学生带手机进校园，以解决越来越严重的手机危害问题。此后，他连年发文呼吁禁止中小学生带智能手机进校园。2020年12月，教育部出台文件，要求各初中、小学全面禁止学生带手机进校园，受到社会各界广泛欢迎。

再如2018年11月4日，在《小伙5天把父母攒的买房钱打赏一空，打赏金额有必要设限》一文中，徐林生分析了网络直播打赏乱象及其危害后，旗帜鲜明地提出对粉丝打赏主播的金额进行设限的具体建议。该文在“红网”发表后被“人民日报客户端”转载，引发较大反响。此后他又发表了《11岁女孩刷200万，整治疯狂打赏刻不容缓》等多篇评论，呼吁对粉丝打赏主播额度设限。2020年10月，网信办出台整治直播乱象监管措施，其中就包括对打赏主播额度设限的要求。

“新闻评论作为‘社会矫正器’可以为政府解围，作为‘社会显微镜’能有效指出社会之中存在的一些问题，进而开具治疗的‘药方’。”徐林生认为，评论可以在一定程度上参与社会建设，通过推动新闻事件的良性发展来推动社会进步，为公众宣泄情绪提供有效的途径，让社会舆论朝健康有序的方向引导。鄢烈山评价说，徐林生有一个正确的写作态度：理性平和，追求客观真实，其写作就像“是银针，是手术刀”，以“救人治世”为己任，其时评能“触到社会的痛点，指出病症，开出参考药方”。

民间性：以公民立场发出来自民间的声音

徐林生的时评文章“在场”与“旁观”兼具。作为旁观者，他能够在事实判断的基础上，审慎运用自己的价值判断，深沉、缜密、条分缕析，往往言人所之未能言，言人所之未敢言。作为在场者，他又能够运用自己的常识，对生活中明显异类的现象，直抒胸臆。二者体现了他对社会公共事件的关注和参与，以及要为社会问题开“药方”的初衷。

2020年1月，武汉突发新冠疫情。为疫情防控，1月23日，武汉实施“封城”。2月4日，徐林生在“红网”发表了《建议将武汉“封城”日设为“国家公共卫生警示日”》一文，大胆建议将每年1月23日设为“国家公共卫生警示日”的议案。文章引发强烈关注，获得舆论和专家学者广泛支持。2020年5月召开的全国“两会”上，人大代表陈静瑜向全国人大提交了将武汉“封城”日设立为“国家公共卫生日”的建议。

据悉，在东莞生活三十多年的徐林生，是一名省属国企管理人员，平时不抽烟不喝酒、不喜应酬，唯一兴趣就是看新闻、阅读和业余写新闻评论，并始终游离于媒体圈外。他表示，正是自己的这种民间、超脱的身份，才让其观察新闻事件时，少了些瞻前顾后，可以放心就事论事，有更广阔的思维空间。构思一篇评论时，只专注考虑能否选准一个有亮点的角度切入，以及立论能否站稳，几乎忽略了自己的身份因素。鄢烈山将他的这种游离立场称为“公民立场”，发出的是来自民间的声音。“他言人所未言、未尽言、未敢言，不仅是因为性格中的好辩，更是因为其自身的公民意识，主动担当起社会公民的责任，追求社会正义。”

原载：《东莞日报》2022年3月25日

新闻评论背后的故事

我在媒体发表文章始于1986年12月，处女作刊于《南方日报》，迄今在百余家媒体发表时评千余篇。三十多年来，以笔作犁、直抒胸臆，记录时代、经风历雨，见证成长、甘苦自知。诸多逸事，值得回忆，特整理记之。

一、处女作

早年在母校惠州学院修读汉语言文学专业期间，我便立志“在报纸上发表文章”，并瞄准这“小目标”，日拱一卒，锲而不舍。功夫不负有心人，1986年12月上旬，读到《南方日报》“师生之友”栏目《关键是端正教育思想》一文后，“不吐不快”，撰写了《解“箍”还需套“箍”人——兼与陈红星同志商榷》，就该文提出商榷意见，工工整整抄好后邮寄给该报编辑部。12月20日，稿件被《南方日报》刊登，成为名副其实的处女作，让我大学毕业两年多就实现了“小目标”。

凑巧的是，《关键是端正教育思想》的作者不是别人，正是我大学同班同学陈红星。彼时他在广东省惠州市第一中学任语文老师。后来，与陈红星面聊这“隔空切磋”趣事时，我还打趣说，“真心感谢老同学激起了我的写作兴趣”。

二、手忙脚乱

2002年上半年，《南方都市报》全国开先河，辟时评专版。一篇篇千字左右的文章，观点触动人心，表达生动活泼，让人读后畅快淋漓，我渐渐有了写作冲动。2002年12月14日，刚学会电脑打字和使用邮箱，手忙脚乱之际，给时评专版的邮箱投了篇稿件——《媒体报道喜讯，不能总把K金当足金》。半个小时后，突然想起稿件忘记署名。赶忙打开邮箱，准备补上作者名字，发现收到一封邮件，是专版编辑孟波老师刚刚发来的，内容是：“此文可用，拟明天见报，请作者速告知姓名及联系方式。”兴奋之余立即重发邮件，第二天，稿件果然“见报”。

那时，南都刊发的时评在全国很有影响力。孟波的鼓励，激发了我的写作热情，对此一直心怀感激。2003年8月曾与孟波相约广州见面，由于他突然被抽调至北京筹办《新京报》，至今未曾谋面，是为憾事。据了解，孟波现任新浪网执行总编。

三、“惊动”最高人民法院

2015年12月17日，我在“红网”发表《聂树斌案：要舆论监督，不要舆论审判》，对上海某知名媒体一篇社评提出商榷意见。想不到的是，这篇文章“惊动”了最高人民法院。12月18日，“最高人民法院”微博、网站以及《人民法院报》予以全文转载，引发舆论界和司法界强烈关注，被媒体“疯狂转载”，网络转发量达30

多万条，“人民日报客户端”以《最高法罕见评“聂树斌案”》为题报道并转发全文，一些法学界专家专门撰文分析、解读。重庆工商大学文学与新闻学院院长殷俊评价，这是一篇典型的“现象级评论”。

有趣的是，我于2016年7月参加“第十一届红辣椒时评研讨会”期间，时任红网副总编辑的杨国炜“爆料”此文曾“惹事”。他说：“徐老师，‘红网’发表你这篇文章是有风险的，因为‘得罪’了媒体同行，且反响太大，我们估计大概率会招致同行‘反驳’，因此做好与之‘论战’的准备，还给上级领导做了专门汇报。不过，去年12月19日下午，我们发现该同行相关文章‘下架’了，悬着的心才落下来……”

四、“热搜榜”第一名

2023年7月19日，音乐人刀郎发行新歌《罗刹海市》，迅即火爆全网。一些网友认定刀郎借此“内涵”几位明星，于是在有关明星社交账号留言数百万条，其中不乏网暴言论。7月29日早上，我微信问“红网”编辑田德政老师：可否评《罗刹海市》？他回复：可以评，但最好“唱唱反调”。于是，我在其“撺掇”下写了《〈罗刹海市〉不应成为网暴“护身符”》，提醒网友切勿把歌曲当成网暴“护身符”。文章在“红网”发表后引发热烈反响，迅速登上“今日头条”热搜榜第一名，阅读量达5817万、跟评9.4万。红网新媒体集团编委、理论评论中心主任王小扬评价说，这是红网近年难得的“现象级评论”。

五、全国人大议案

2020年1月23日，为阻断新冠疫情蔓延，九省通衢的武汉采取史无前例“封城”措施，举世瞩目。2月3日我在“红网”发表《建议将武汉“封城”日设为“国家公共卫生警示日”》，引起广泛共鸣。2月28日，国内16位顶尖医学专家联署在《健康报》发文，建议将武汉“封城日”设为“国家公共卫生日”。5月22日，全国人大代表陈静瑜向十三届全国人大三次会议提交议案——《建议将武汉“封城日”设为“国家公共卫生日”》，并接受中央电视台新闻频道“新闻1+1”栏目专访。

长安大学苏蕾教授认为，一篇时评的建议，通过人大代表成为全国人大会议正式议案，并获央视新闻关注，殊为可贵。为此，湖南省出版集团副总经理舒斌还委托红网王小杨主任，转达对我的问候及谢意。

六、“遥遥领先”

2018年5月28日起，前央视主持人崔永元连续在微博爆料明星范冰冰涉嫌利用“阴阳合同”逃税。6月2日我在“红网”发表《崔永元怒怼范冰冰：不是八卦是举报》，将这起娱乐八卦“定性”为举报，引发舆论关注，媒体转载及网友跟帖者众。6月3日下午，国家税务机关发布公告表示将对此进行核查。10月6日，国家税务总局通报称，范冰冰因偷逃税款被追缴补税、罚款近8亿元，并苛以重罚。10月6日晚上，我在红网发表《范冰冰被重罚，税务机关别忘了奖励崔永元》，提醒税务部门依法奖励“举报者”崔永元。文章迅即引爆舆论场，各式媒体广泛转载，阅读量巨大，仅网易阅读量达448万（据“红网”统计）、跟评9.62万条，全网阅读量难计其数。

12月28日，田德政老师转达“喜讯”，称此文是2018年度红网文章阅读量之冠，比第二名140万多出300多万，“遥遥领先”。

七、“禁止手机进校园”

2010年以来，随着智能手机越来越普及，有越来越多中小学生带手机进校园，引发广泛关注。2017年9月28日，我在“红网”发表《师生间的手机“缠斗”亟待立法解围》，建议教育主管部门“顶层设计”，“出台硬约束法规”，“全面禁止全国小学、初中学生带手机进校园”。随后，我连续多年撰文呼吁，如：2018年8月1日《法国颁布校园手机禁令，我们还要争论多久？》（“红网”），2019年3月10日《禁止手机进中小学校园宜早不宜迟》（“红网”），2020年9月28日《对手机进中小学校园亟待法律说“不”》（“东方网”）。

2021年1月15日，教育部终于印发《关于加强中小学生手机管理工作的通知》，明确中小学生“不得将个人手机带入校园”。此时，离我首次建议“禁止手机进校园”过去三年半时间，我有幸成为全网最早建议教育部出台“校园手机禁令”的评论员。

八、“打赏额度设限”

2017年10月9日，针对网络直播打赏乱象，我在“红网”发表《整治直播乱象，亟待对打赏设限》，建议国家有关部门出台规定“对打赏额度设限”。随后，我连年撰文呼吁，如：2018年11月3日《对粉丝打赏主播金额设限刻不容缓》（“红网”），2019年4月11日《11岁女孩刷200万，整治疯狂打赏刻不容缓》（“红网”），2020年6月1日《打赏金额亟须设限》（《河南日报》）。其中，有两篇被“人民日报客户端”转载。

2021年2月10日，网信办等七部门发布《关于加强网络直播规范管理工作的指导意见》，明确要求对“打赏额度合理设置上限”。于是，我成了全网最早建议对“打赏额度设限”的评论员。

九、媒体“立行立改”

2004年2月15日，我在“红网”首发《贪官死囚为何都“享受”注射死刑》，就死刑执行方式（“执行注射死刑”和“执行枪决”）选择问题上，可能暗含不平等表达关切。2月20日《中国青年报》也刊发这篇评论。翌日，中央电视台新闻频道“媒体广场”栏目摘要播出，国务院原法制办公室官网转载，引起广泛共鸣。

2月21日，新华社等报道《原南丹县委书记万瑞忠被执行死刑》时，隐去了万瑞忠被执行死刑的具体方式，以“被执行死刑”代之。自此，主流媒体报道此类新闻时，改变以往披露死刑具体执行方式的惯例，一律以“被执行死刑”代替，并沿用至今。

值得一提的是，法学界一些专家受《贪官死囚为何都“享受”注射死刑》启发，随后就“死刑执行方式平等性问题”开展深入研究，并发表了不少法学论文。这些论文参考文献均注明曾引用以上文章。

十、“姊妹评论”

写时评三十多年，评论过不少热点新闻事件，一些事件或话题随着舆情推进，出现新进展、衍生新问题，为此我先后写过两篇或以上相关时评，进一步完善本人观点，为解决问题开出新“处方”。这些时评互为补充、相映成趣，可称“姊妹评论”，有的被媒体广泛转载，产生较大影响，有的还荣获全国时评比赛奖项。特辑录六组如下：

一组：《伊朗大地震与媒体开了个“国际玩笑”》

《亚洲大海啸不算 “十大国际新闻”？》

二组：《聂树斌案：要舆论监督，不要舆论审判》

《媒体该如何追问聂树斌案正义》

三组：《“中国人的脸”真那么容易丢吗？》

《“外国人的脸”为何不容易丢？》

四组：《崔永元怒怼范冰冰：不是八卦是举报》

《范冰冰被重罚，税务机关别忘了奖励崔永元》

五组：《“评酒大师”不宜参评工程院院士》

《可以行行出状元，不可行行出院士》

六组：《解读〈罗刹海市〉，何必“对号入座”》

《〈罗刹海市〉不应成为网暴“护身符”》

十一、高校讲学

2016年7月，我受邀赴湖南益阳参加“全国第六届新闻评论高层论坛”。由于《聂树斌案：要舆论监督，不要舆论审判》等评论在全国产生广泛影响，引起与会高校专家关注。期间，华中科技大学新闻与信息传播学院教授顾建明和重庆工商大学文学与新闻学院院长殷俊，在深入交流基础上，邀请我以校外导师身份参与高校新闻评论教学活动，我深表感谢并欣然接受。

2016年8月，我被华中科技大学新闻研究中心聘为研究员，11月被重庆工商大学传媒发展中心聘为客座研究员。2017年9月21日，应邀在华中科技大学新闻与信息传播学院与近百名新闻学专业本科生、研究生，分享了时评写作经验，由此开始了赴十多所高校的数十次讲学活动。这些讲座，秩序井然，氛围活跃，互动良好，获益良多。在此，特对以下高校专家学者致以衷心感谢：华中科技大学新闻与信息传播学院教授顾建明，重庆工商大学文学与新闻学院院长、博士生导师殷俊，长安大学人文学院教授苏蕾，郑州大学新闻与传播学院新闻系主任魏孟，山西大学新闻学院教授韩晓芳，湖南师范大学新闻与传播学院教授魏剑美，江西师范大学新闻学院院长、教授胡沈明，西南大学新闻传媒学院院长、教授、博士生导师董小玉，南京师范大学新闻与传播学院教授王少磊，杭州电子科技大学党委宣传部副部长、教育部网络教育名师程振伟，东莞理工学院图书馆馆长、教授田根胜，东莞理工学院文学与传媒学院高级记者郑路，韶关学院文学与传媒学院党委书记叶南海，惠州学院文学与传媒学院院长、教授陈梦，惠州学院文学与传媒学院讲师李兢兢。

本书的出版，得到重庆工商大学文学与新闻学院院长、博士生导师殷俊，知名时评家、书法家盛大林，著名作家、广州市作协副主席黄礼孩等师友大力支持，在此一并表示感谢。

徐林生

2024年10月8日

于广东东莞